U0366833

慢即是快

一个投资者20年的思考与实践

三年一倍◎著

机械工业出版社
CHINA MACHINE PRESS

《慢即是快：一个投资者20年的思考与实践》是一本定位于中国投资市场的技术工具书。

本书根据作者20余年的一线投资经验，以投资理念指引加实践赋能的需求定位，重点阐述和解读股票和基金两大投资品类的投资策略。主要包括：复盘从零开始做投资的过程，投资中需要重点掌握的认知，股票和基金实战投资方法，风险防控策略，投资心理调整，以及对中国投资市场未来投资机会的展望。本书力求让投资者在股市投资中抓住重点，形成自己的成熟投资体系，实现稳健获利。

图书在版编目（CIP）数据

慢即是快：一个投资者20年的思考与实践 / 三年一倍著. -- 北京：机械工业出版社，2024.10（2025.4重印）. -- ISBN 978-7-111-76542-4

Ⅰ. F830.59

中国国家版本馆 CIP 数据核字第 2024YN3325 号

机械工业出版社（北京市百万庄大街22号 邮政编码 100037）
策划编辑：李 浩　　　　　责任编辑：李 浩 廖 岩
责任校对：龚思文 李 杉　责任印制：张 博
北京联兴盛业印刷股份有限公司印刷
2025年4月第1版第4次印刷
145mm×210mm · 10 印张 · 3 插页 · 201 千字
标准书号：ISBN 978-7-111-76542-4
定价：88.00 元

电话服务　　　　　　　　网络服务
客服电话：010-88361066　机 工 官 网：www.cmpbook.com
　　　　　010-88379833　机 工 官 博：weibo.com/cmp1952
　　　　　010-68326294　金 书 网：www.golden-book.com
封底无防伪标均为盗版　机工教育服务网：www.cmpedu.com

我为什么要写这本书

年少时，我曾经有一个梦想，梦想能够当一个作家。所以从上学的时候，就开始写稿子四处投稿。偶尔也能发表几篇，还能够收到稿费。直至参加工作后，这个梦想还是很强烈。但是面临生活的压力，我逐步发现作家的梦想并不能填饱肚子，在生活面前填饱肚子才是首要任务，作家的梦想也只能当作梦想而已。

后来，我因工作中一个偶然的机会接触了股票，自此之后，股票成了我生命之中最大的爱好和兴趣。再后来随着互联网的普及与发展，我逐渐在各个财经网站发表自己在股市中学习的过程、股票操作及投资感悟等方面的文章。写着写着逐渐在各个财经平台及公众号内有了那么一点小小的名气。

一开始有部分粉丝在后台留言让我写书，我说我这"三脚猫"的水平去写书，一怕浪费小伙伴们的时间，二怕水平不行误导了小伙伴们的投资。再后来，财经圈内很多好友都陆陆续续出了书，并且有的好友还出了多本书，偶尔聚到一起的时候，好友们你一句我一句地说：你也写一本吧。那时，我内心深处其实还在犹豫。

2023 年下半年，我曾去机械工业出版社参加一场新书发布会，会后出版社的编辑和我深入交谈了很久，给了我很多写作的思路及写作的信心。这时，我内心深处开始动摇，心想要不我也写一本？再后来，每天东奔西跑乱忙，我又把写书这件事给抛到九霄云外去了。

有一天，同学群里突然传来一个噩耗，说班主任在连续加班熬夜编辑教材的过程中突发疾病去世了。其实班主任比我们大不了几岁，就这样匆匆忙忙地走了，前几天我翻看孩子的教材，发现副主编就是曾经的班主任，但是班主任的名字已经用一个方框框起来了。

哎，人生短短几十年，满打满算的话，人来到这个世界上也就是三万多天。我发现人来到这个世界上走这么一遭，活着的时候，有的人赚了很多钱，有的人没有赚到，仅此而已。但当离开的时候，不论你赚没赚到钱，归宿都是一样的。但是有一部分人会不同，有的人留下一段影音，有的人留下一些字画，有的人留下了一段文字……我觉得这部分人会活得更加有意义。

当时间进入 2024 年，正值资本市场新一轮行情启动的前夜，我下定决心必须要写这本书，写一写我在股市这 21 年来摸索出来的适合大部分普通散户，大概率能够赚钱、胜率非常高且可复制的投资方法。让普通散户能够尽量少走弯路，尽早地找到适合自己的赚钱之道，这就是我写这本书的初衷。

写到这，也许还有小伙伴会有疑问。

第一个疑问：你写书是不是很赚钱，出书就是为了赚钱？

我悄悄地告诉你，写书是个苦差事，真的不赚钱。其实，写书仅仅是一份情怀而已。我写完这本书，除掉所有费用，净收入还不到有时候一天的账户市值波动。

也许你会接着问，那你为什么还会写呢？上面我已经写过了。首先，写书是为了在这个世界上留下点记忆，而纸质书便是非常好的介质；其次，写这本书或多或少会让部分普通散户少走弯路，会让部分普通散户提前找到适合自己的赚钱之道。

第二个疑问：你写书会不会保留部分绝招，只写些皮毛？

古时候的大侠，为了防止徒弟们全部学会了自己的武功后不可控，会留一手绝招，到最后越传越少。而股市则截然不同，巴菲特很早以前就已经把他的投资秘籍毫不保留地公布了，绝大部分投资者虽然都知道，但依然做不好投资，这是为什么呢？是因为巴菲特保留了什么绝招吗？非也，其实巴菲特并没有任何保留。那到底是为什么呢？是因为人性！投资的最后就是克服人性，克服贪婪和恐惧的人性，这是投资者最难做到的。

那么回到我写这本书的事上，我也是毫无保留地写出我所掌握的所有投资知识，可以说是一个股市沉浮 21 年老股民的肺腑之言，但每个人毕竟都有自己的认知范围及能力圈，不足之处还请读者理解及多多包涵。

我计划用最普通的大白话来写，我让我家还在上学的孩子当第一个读者，只有他能够看懂，才算通过。也就是说，即使你没有任何投资基础知识，也能够看懂，也能够找到适合自己的投资道路，但是能够掌握多少内容，最终还是需要看自己的悟性。

最后，欢迎大家关注我的公众号：三年一倍。主要内容是每周周记的各个实盘总结，及书中提到的资产配置模型和估值表，每天都会更新，也许会对你的投资有那么一点参考价值。

三年一倍

目录 CONTENTS

第一章

从零开始做投资

第一节　混沌阶段

每个人都会有自己的爱好和兴趣，我最大的兴趣也是我唯一的爱好就是股票，对股票的瘾是没法形容的，简直就是中毒，甚至有一段时间有点走火入魔。

我是 2003 年 6 月 27 日开户的，从那之后股票就深深地吸引了我，且成了我唯一的爱好。首先投资股票不用看别人脸色，不用巴结领导，不用担心别人给穿小鞋，不用担心下岗，即使到了七八十岁的年龄，只要有了技术也能吃上饭。

虽然在股市想要赚到钱是一件非常难的事情，但是有时候我会想，咱学习不比别人差，工作也不次于别人，为什么在股市就赚不到钱呢？奇怪了？我就不信那个邪！

我是那种认准一件事要干就干好，要么就不干的人，或者说是别人眼中一根筋、钻牛角尖的人。我相信任何一项事业，只要你感兴趣且是最大的爱好，并且还能够全力以赴地去做、去总结、去迭代升级，知行合一坚持到底，那么大概率就能够走向成功。

现在时间已经进入了 2024 年，也就是说我从开户到现在已经在股市生存了 21 年了。但今天，我要说的是股龄的长短，对于投资者的投资水平来说不一定成正比例关系。这 21 年，也仅仅记录了我还在股市里活着并没有被残酷的股市消灭而已。

也许有的人，开户一两年就能摸索出一套适合自己的股市生存之道；也许有的人，即使开户十年甚至二十年，还是在那里随心所欲地买卖，仍然不能稳定赚钱。就像前几天，我看到一个帖子，其作者说他自己在1997年入市，已经入市27年了，他初始入场资金是100万元，市值最高的时候到过120万元，现在还剩了20万元，现在他比较悲观，对这个市场非常绝望。这就是说，股龄和投资能力没有任何关系，你要想在这个市场存活，就得摸索出一条适合自己的道路。

我进入股市投资的21年，可以模糊地分为五个阶段：第一阶段我称之为混沌阶段，第二阶段是单纯的技术面投资阶段，第三阶段是单纯的基本面价值投资阶段，第四阶段是道术相结合的综合投资阶段，第五阶段就是我正在计划转型的阶段——大道至简回归指数投资的阶段。

这一节写的就是我的第一阶段：混沌阶段，小白入市。

普通散户入场步骤基本都是这样的：大部分投资者都是无意间听到或者看到同事、亲朋好友、左邻右舍等突然从股市赚钱了。这个时候，一般情况下你还是不敢贸然入市的。

为什么呢？因为，从小到大经常会有人时不时地告诉你股市风险很大。这时，虽然你听说有人从股市赚钱了，虽然你心里很痒痒，但这个时刻一般还是不敢贸然入市的。但是，随着他们的声音越来越大、赚钱越来越多，你再也忍不住了，最后急匆匆地去开户入市。

正在看书的你，是不是这样入市的呢？反正，我就是这样入市的。

曾经的我刚刚参加工作不久，忽然耳边听到同事们在讨论，今天股市行情不错，今天赚了多少多少，昨天赚了多少多少，明天还能赚多少多少等。听着听着心里那个痒啊，心想，股市有风险，我还是先忍忍看看再说吧。

可是随着时间的推移，身边同事甚至同学、亲戚、邻居等赚钱的越来越多。不行了，受不了了，忍不住了，仰望苍天我大声呐喊：我也要开户入场。

随后急匆匆地去开户，心想先投资5000元试试水，结果轻松赚了500元。看样子投资少了，再继续追加投资1万元试试，竟然又轻松赚了1000元，原来赚钱这么简单，发大财的机会来了，继续大幅追加资金，随后好运不再有，慢慢地熊市来了，胡乱一通高买低卖，最后越套越深，只有卧倒装死，等待下一轮牛市来临去解套。

一般的普通散户刚开始都会比较小心，就会小资金入市，这时候一般都会赚一点小钱，你会觉得赚钱好容易。因为这个时候一般都是牛市的中后期，行情火爆会使你觉得赚钱太容易了，自然而然地会想到还上什么班、打什么工呀？到股市来赚快钱多好，就会开始追加资金。但是随着追加资金，也许还能赚一点小钱，这时候往往就到了牛市的后期，悄悄地股市开始调头缓慢下跌，你就开始亏损、被套，这就是我入市的过程，相信大部分的投资者大概也都是这样一个经历。

其实，在市场底部的时候没有人会开户入市的，比如现在

（2024 年 1 月）这种情况下，你让别人来开户入市，他甚至会骂你，说你怎么那么坏，股市跌得一塌糊涂风险这么大，竟然让我来开户入市？是不是想要找打？他们会认为所有人都赚钱的时候才能入场，现在筹码很便宜的时候他们不会入场，我当然也不例外。我的入市也是这样，在牛市的中后期入市，之后开始看股吧、听股评、打探小道消息、高买低卖，偶尔也挣点小钱，最终还是亏得一塌糊涂，这就是我的第一个投资阶段。

　　这个阶段的我不是在股市投资，确切地说是在股市炒股。炒是怎么写呢？火字加一个少，火中取栗越来越少。说实话这个阶段我是啥也不懂，不论技术指标还是 K 线，就连如何开户、如何转入转出资金、如何委托买卖等相关的基础知识一律不懂。这样我竟然也敢去炒股，千分之三的交易佣金下依然在自助交易机器前排着队短线操作，权证 T+0 操作，哪个过瘾就玩哪个，追逐题材、追逐热点、追涨杀跌，天天忙得不亦乐乎，我不亏谁亏！有一次客户经理跟我说，我是他们营业部的优质客户。我这么小的资金量由于频繁交易竟然成了券商营业部的优质客户，你说我不下地狱谁下地狱。这种情况下想不亏真的是天理难容呀，这个阶段最终亏得一塌糊涂。

　　我还很清楚地记得，在 2007 年 5 月 30 日，那时的我是一棵嫩油油的新鲜韭菜，虽然"韭龄"四岁，但是具有初生牛犊不怕虎的精神，只可惜最终还是被老虎咬得奄奄一息。那时候买股票基本靠蒙、靠股评，电视上财经频道热火朝天地呼喊着，消灭 4 元股、消灭 5 元股、消灭 6 元股、消灭 10 元股！一天天刺激着韭菜脆弱的神经，我也按捺不住躁动的心，生怕赶不上发财的末班车，急忙来到网吧（那时连电脑都没有），去寻找快要被消灭的低价股，当时"手机中的战斗机"的广告还铺天盖地，啥也不懂的我最终选择了生产手机的波导股份。看看我是怎么"神操作"的，如图 1-1 所示。

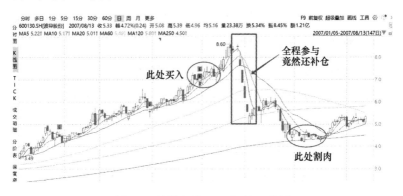

图 1-1　波导股份 2007 年日 K 线图

看到了吧，快要到顶时我高高兴兴地来站岗了，完美的一波高买低卖，我都佩服当时我的那个神操作！再往后蓝筹股的上涨与我无缘，等蓝筹股快要冲到最高点时，好像我又急忙忙去站岗了。2008 年金融危机时，经过几次高买低卖，我的资产大幅缩水，奄奄一息的我在指数从 6124 点向下跌破 3000 点后恐慌割肉出局。

2007 年至今已经 17 年了，波导股份现在的股价还比当时低（见图 1-2），注册制下未来题材股大部分都将会如此。自此之后，我痛定思痛努力学习改进，逐步进入我的第二个阶段：**技术投资阶段**。

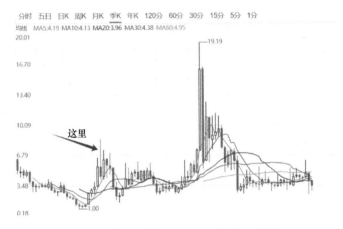

图 1-2 波导股份 2000—2024 年季 K 线图

其实这个阶段，大部分普通散户都经历过，并且这个阶段 90% 的散户最终都是亏损的结局。因为股市里永远不变的是人类的贪婪和恐惧，股市里永远都没有什么新鲜事，只会有不断重复的贪婪和恐惧。

每一轮题材热点股票的炒作都是股市投资者的贪婪和恐惧在轮回重演。当一只热点题材股票在刚刚上涨时，你跟别人说这只股票可能会有实质性重大利好，很难取信于人。随着股价的继续上涨，不用你再去告诉别人，就会有人到处打听这只股票是不是有什么利好。当股价继续飙升，这时即使你告诉别人这只股票根本不会有什么实质性利好，纯粹就是炒作，也没有人会相信，他只会埋怨你为何不早点告诉他这只股票即将出现的重大利好。

当某天股价涨停，这时如果你要是告诉他这只股票主力即将出货，股价将会大跌，他会毫不留情地大骂你一句：别耽误我挣钱！股价开始大跌，如果这时你告诉他现在是逃命的最后机会，他会说你"乌鸦嘴"，他会认为这是在洗盘，他会继续加码买进，摊低成本。股价持续大跌，如果这时你告诉他不要卖了，股价已经见底了，他会不顾一切地杀跌卖出股票，并美其名曰熊市不言底。

在股市里人性就是这样，涨了吧，他会后悔买少了，暴涨后他会更加后悔，恨不能把全部身家压上好一夜暴富。然后，市场前景一片光明，自信心爆棚，媒体新闻说股市能涨到 10000 点他都会深信不疑，要是有人说估值已经来到顶部提醒风险太大了，那他会破口大骂，骂别人阻挡他发财。跌了的时候，他会后悔买早了，深套的时候就是各种埋怨，各种对经济前景悲观，甚至市场崩溃论都会甚嚣尘上。

这时，有人说估值在底部区域了，提示风险不大了，那他同样会破口大骂，骂别人是害人精。这时即使官方发布股市重大利好，他也会视而不见听而不闻，当初入市的逻辑一再被怀疑，否定自己，然后实在受不了了，底部割肉认输，发誓再也不会入股市。然而股市"七亏二平一赚"的铁律仍然会继续，过不了几年又忘记了，然后再循环一遍，90%的人依然会亏得一塌糊涂。这就是股市里的人性！一旦进入股市，绝大部分人就被魔鬼放大了他的贪婪和恐惧。

这个阶段唯一庆幸的是我刚刚参加工作不久，没有多少钱，虽然亏损比例非常大，但亏损的绝对金额比较小。比较小的绝对金额亏损，敲醒了我顿悟混沌阶段的投资模式无效无用，这也算是我投资生涯中最大的幸运。

第二节　单纯的技术面阶段

我相信正在读这本书的你应该经历过我第一阶段的情况，也许有的人很快就走出了这个阶段，也许有的人投资了很多年，还一直在这个阶段原地踏步，始终走不出来。

当我在第一个阶段亏得昏天暗地时，发现再这样继续下去是不行的，顿悟自己必须要学一点投资技术。因为，你无论干什么行业都需要有技术，哪怕去开车，你得先去驾校报个名对吧。学完理论知识，接着学场地，再到路上练习，最后通过全部考试，拿到驾照后才能上路开车，还必须给车上贴个"实习"标志，等实习期过后才算真正掌握了驾驶这门技术。

但是，你进入股市后往往不是这样的，你啥也不懂，就因为你听说别人在股市里赚大钱了，自己就会急匆匆地开户入市，你想想这种情况下你能赚钱吗？所以，当我在第一个阶段被市场教育得鼻青脸肿后，我天真地认为这一切都是因为自己技术不行。

随后我开始进入第二个阶段，潜心学习技术的阶段。我去新华书店买来了很多技术分析方面的书籍，发奋图强学习技术，立志要成为技术高手。每天晚上对着大盘个股的K线图、技术指标、均线形态等苦苦研究到深夜。

技术分析是以证券市场过去和现在的市场行为为分析对象，应用数学和逻辑的方法，探索出一些典型变化规律，并据此预测证券市场未来变化趋势的技术方法。技术分析是以市场行为涵盖一切信息，证券价格沿趋势移动，历史会重演这三大假设条件为前提的。

（1）技术分析的第一大假设：市场行为涵盖一切信息，这条假设是进行技术分析的基础。其主要思想是：任何一个影响证券市场的因素，最终都必然体现在证券价格的变动上。外在的、内在的、基础的、政策的和心理的因素，以及其他影响证券价格的所有因素，都已经在市场行为中得到了反映。技术分析人员只需关心这些因素对市场行为的影响效果，而不必关心具体导致这些变化的原因究竟是什么。这一假设有一定的合理性，因为任何因素对证券市场的影响都必然体现在证券价格的变动上，所以它是技术分析的基础。

（2）技术分析的第二大假设：证券价格沿趋势移动，这一假设是进行技术分析最根本、最核心的条件。其主要思想是：证券价格的变动是有一定规律的，即保持原来运动方向的惯性，而证券价格的运动方向是由供求关系决定的。技术分析法认为证券价格的运动反映了一定时期内供求关系的变化。供求关系一旦确定，证券价格的变化趋势就会一直持续下去。只要供求关系不发生根本改变，证券价格的走势就不会发生反转。这一假设也有一定的合理性，因为供求关系决定价格在市场经济中是普遍存在的。只有承认证券价格遵循一定的规律变动，运用各种方法发现、揭示这些规律并对证券投资活动进行指导的技术分析法，才有存在的价值。

（3）技术分析的第三大假设：历史会重演，这条假设是从人的心理因素方面考虑的。市场中进行具体买卖的是人，是由人决定最终的操作行为。这一行为必然要受到人类心理学中某些规律的制约。在证券市场上，一个人在某种情况下按一种方法进行操作取得成功，那么以后遇到相同或相似的情况，就会按同一方法进行操作；如果失败了，以后就不会按前一次的方法操作。证券市场的某个市场行为给投资者留下的阴影（或快乐）是会长期存在的。因此，技术分析法认为，根据历史资料概括出来的规律已经包含了未来证券市场的一切变动趋势，所以可以根据历史预测未来。这一假设也有一定的合理性，因为投资者的心理因素会影响投资行为，进而影响证券价格。

　　技术分析的三个假设有合理的一面，也有不尽合理的一面。第一个假设是市场行为包括了一切信息，但市场行为反映的信息同原始的信息毕竟有一些差异，信息损失是必然的。第二个假设中一些基本因素的确是通过供求关系来影响证券价格和成交量的，但证券价格最终要受到其内在价值的影响。股票的价格变化仅仅是股票的现象，现象不是本质，现象也不能决定本质。透过现象看本质，股市中股票的价格长期变化的本质是上市公司的内在价值最终会指引股票价格，或者说股票价格自始至终必然会围绕着公司的内在价值波动，而不是股票的价格涨跌现象决定上市公司的内在价值。第三个假设为历史会重演，但市场行为是千变万化的，不可能有完全相同的情况出现，差异总是或多或少地存在。

　　正是因为以这三大假设为理论依据，以历史数据为信息基础，以经验总结而非缜密逻辑为分析思路等特点，导致了技术分析的局限性，并在实际运用中存在技术分析对长期趋势判断无效以及骗线现象等情况。但是，由于各种技术理论和技术指标都经过了几十年甚至上百年的时间考验，技术分析作为一种投资分析工具还具有一定的参考意义。

技术分析主要是在股票投资中，通过股票的价格、成交量、时间、空间等基本因素，分析股票的波浪理论、趋势形态、均线系统、技术形态、技术指标、交易量等，来预测股票价格的未来变化。

一、波浪理论

波浪理论又称为艾略特波浪理论，是一种用于分析和预测股票市场价格走势的技术分析方法。波浪理论认为，市场价格的走势往往会以上升五浪下跌三浪的波动模式重复出现。

（1）第 1 浪是上涨浪，通常出现在熊市长期下跌的末期，由于市场情绪差卖压大，买方力量比较弱，所以第 1 浪上涨的涨幅比较小，往往是五浪中涨幅最小的一浪。

（2）第 2 浪是调整浪，因为这时绝大部分投资者都认为没有到底部，不敢相信现在是进入牛市了，情绪上还是非常悲观的，所以这一波的调整会比较猛，回调幅度一般相当大，常覆盖第 1 浪上升空间的大部分或全部，甚至轻微跌破全部，常被误判为下跌趋势没有走完。但价格下跌后通常会快速回升，技术上往往会出现头肩底、W 底等经典的底部反转技术形态。

（3）第 3 浪是主升上涨浪，往往是最具爆发力的一浪上涨，其持续的时间与幅度是最长的，市场赚钱效应良好，场外资金就会开始问：是不是来牛市了？是不是可以进场了？逐渐有场外资金入场，成交量迅速放大，市场情绪乐观兴奋。

（4）第4浪是调整浪，上升3浪涨到一定程度，获利盘很多，市场逐步出现分歧，会出现第4浪调整，回调形态较复杂，常显露出市场后继乏力的征兆，但通常第4浪的底点不会低于第1浪的顶点，通常以三角形调整形态为主。因为赚钱效应比较好，场外资金还会跑步入场，就会把抛盘承接住，在赚钱效应的带领下会继续向上冲，就进入了牛市最后的一浪第5浪上涨。

（5）第5浪是上涨浪，涨势通常小于第3浪，一般会突破3浪的高点，偶尔也会不突破3浪高点形成M头、头肩顶形态，反转形态在此成型。此时市场情绪高涨疯狂，所有人都觉得赚大钱的机会来了，大市来了，抓紧进。实际上，一般人都是在第五浪的时候进来的，刚开始的时候赚一点小钱，后来会亏大钱。但是没有办法，上升1浪或者最低的时候散户是不会来的，他觉得你是在害他。在上升5浪的时候你说不要来了，有风险，他会骂你挡住了他的财路。但行情往往就在此欢乐中结束。

（6）A浪下跌是下跌浪，5浪上升后就是A浪的下跌，这时先知先觉的投资者开始撤退，但市场上绝大部分投资者会认为上涨没有结束，对此处下跌毫无防备之心，往往认为是一个正常的回调而已。甚至会有部分投资者认为是倒车接人，继续跑步入场，那么就会出现一个B浪反弹。

（7）B浪反弹是反弹浪，大部分投资者认为是上涨浪，但缩量上涨会出现明显的价量背离现象，此时容易形成多头陷阱。

（8）C浪下跌是主跌浪，当绝大部分的投资者发觉熊市来临就会加入卖出的队伍，卖成为主基调，持续下跌阴跌，此浪是破坏力最强的下跌波，跌幅大，持续时间长，出现全面性下跌，市场情绪开始悲观绝望。

举个例子，图 1-3 中的恒生科技指数就是走了两轮上升五浪和下跌三浪，现在正在走新的一轮上升五浪，目测正在进行上升五浪中的第 3 浪上涨。

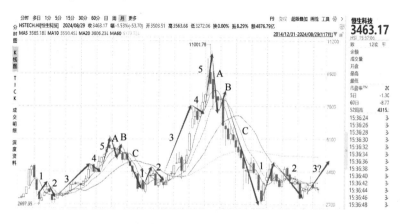

图 1-3　恒生科技 2014—2024 年月 K 线图

当市场完成一个完整的五浪上升后，往往会进入三浪下跌，此时投资者应尽量暂时清仓远离市场。实际操作中，波浪理论容易产生浪中浪和延伸浪，每个人对浪的画法又千差万别，所以又有千人千浪之说。

二、趋势形态

道氏理论认为，尽管价格波动的表现形式不同，但是最终可以将它们分为三种趋势：主要趋势、次要趋势和短暂趋势。主要趋势是指那些持续 1 年或 1 年以上的趋势；次要趋势是指那些持续 3～12 个月的趋势；短暂趋势是指那些持续不到 3 个月的趋势。

价格趋势从走势方向还可分为上升趋势、下降趋势和横盘趋势三种。连接一段时间内价格波动的重要高点或低点可画出趋势线，趋势的方向可以根据趋势线或长周期的移动平均线来识别。

在上升趋势中趋势线往往被称为支撑线，当上升趋势回调到上升趋势线附近时，会出现买方增加、卖方减少的情况，从而使股价停止下跌，甚至有可能回升，支撑线起阻止股价继续下跌的作用。图 1-4 是上证指数自 1990 年至今的季 K 线，每当指数来到上升趋势附近，上证指数往往止跌企稳且反转上涨。

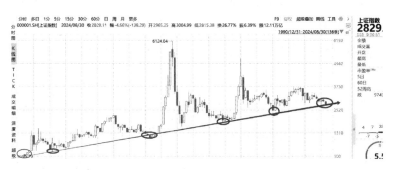

图 1-4　上证指数 1990—2024 年季 K 线图

在下降趋势中趋势线往往又被称为压力线，当下降趋势中的反弹至下降趋势线附近时，会出现卖方增加、买方减少的情况，股价会停止上涨，甚至回落，压力线起到阻止股价继续上升的作用。图 1-5 是上证 50 指数自 2020 年至今的月 K 线，每当指数反弹到下降趋势附近，往往停止上涨且反身下跌。现在上证 50 指数刚刚突破下降趋势线，有趋势反转上涨的可能。

图 1-5　上证 50 指数 2020—2024 年月 K 线图

当主要趋势形成时，若确定了一段上升或下降的趋势，则股价的波动必然朝着这个方向运动。上升的行情中，虽然也时有下降，但不影响上升的大方向；同样，下降行情中也可能上升，但不断出现的新低使下降趋势不变。但是，当主要趋势线被有效突破后，往往意味着下一步的走势将要反转。越重要、越有效的趋势线被突破，其转势的信号越强烈。被突破的趋势线原来所起的支撑和压力作用，突破之后将相互交换角色（见图 1-6）。

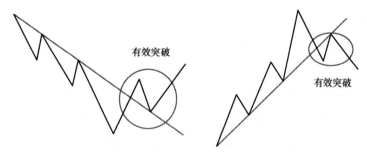

图 1-6　主要趋势线被有效突破后起相反作用

股价（指数）在长期上涨或下跌的趋势中，往往会有短暂的盘旋或调整，投资者应把握长期趋势，不为暂时的回调和反弹所迷惑。同时，也应及时把握大势的反转。比如投资者要选择主要趋势是处在上升趋势的股票（或指数），且当跌破上升趋势线回抽后再次回落时需要撤退；或者当突破下降趋势线回抽后再次上涨时可以入场。图 1-7 是创业板指数月线图，第一个圆圈是跌破上升趋势线回抽后再次下跌确认转势，第二个圆圈是突破下降趋势线回抽后若上涨即将转势。

图 1-7 创业板指数 2019—2024 年月 K 线图

三、均线系统

均线全称叫作移动平均线，它是以道氏理论中的平均成本概念为理论基础，采用统计学中移动平均的原理，将一段时期内的股票价格平均值连成线，用来显示股价的历史波动情况，进而反映股价未来发展趋势的技术分析手段。

均线按照周期长短可分为：5 日、10 日、20 日、30 日、60 日、120 日、250 日均线等。一般会把 20 日以内的均线定义为短期均线，20 日至 60 日的均线定义为中期均线，60 日以上的均线定义为长期均线，250 日线即年线，也被称为牛熊线。一般把价格在年线之上的趋势视为牛市行情，把价格在年线之下的趋势视为熊市行情。

图 1-8 是创业板指数自 2010 年 1 月 1 日至 2024 年 4 月 30 日的年线走势图，在 2012 年 12 月创业板指数首次有效突破年线，从此开启了一波轰轰烈烈的大牛市；在 2015 年下半年创业板指数有效跌破年线，随后大熊市来临，创业板指数一路下跌至 2018 年底；2019 年 2 月创业板指数再次有效突破年线，随后再次开启了一轮波澜壮阔的大牛市；2022 年 1 月创业板指数又一次跌破年线，随后又开始了一轮熊市，截至 2024 年 4 月 30 日还没有再次突破年线，不过距离年线已经只有一步之遥。我们做投资应尽量优选在年线之上运行的股票（或指数），远离在年线之下运行的股票（或指数）。

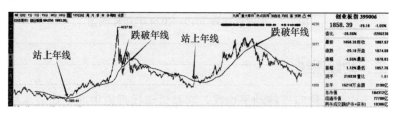

图 1-8　创业板指数 2010—2024 年年均线走势图

除了年线可以被单独使用外，均线还可以组合应用：投资者可利用中期和长期两种移动平均线的交叉情况来决定买进和卖出的时机。当现在价位站稳在长期与中期均线之上，中期均线又向上突破长期均线时，为买进信号，此种交叉被称为黄金交叉；反之，若现在行情价位于长期与中期均线之下，中期均线又向下跌破长期均线时，则为卖出信号，此种交叉被称为死亡交叉。

图 1-9 是创业板指数自 2018 年 8 月至 2024 年 4 月的 60 日均线和 250 日均线走势图，在 2019 年初创业板指数的 60 日线上穿 250 日线形成黄金交叉，从此开启了一轮轰轰烈烈的大牛市；2022 年初创业板指数的 60 日线下穿 250 日线形成死亡交叉，自此开启了一轮漫长的熊市。我们做投资应优选黄金交叉之后的股票（或指数），尽量远离处于死亡交叉之下的股票（或指数）。

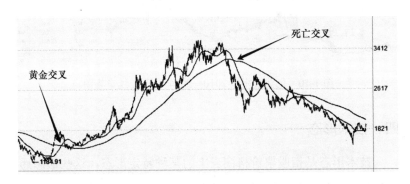

图 1-9　创业板指数 2018—2024 年 60 日均线和 250 日均线走势图

均线系统按照其排列方式可以分为：多头排列和空头排列。多头排列就是价格（或指数）呈上升趋势，均线从上向下依次按照短期均线、中期均线、长期均线排列的均线系统；反之为空头排列。

图 1-10 是创业板指数自 2010 年至 2024 年 4 月 30 日的日

K 线走势图，在 2013 年 1 月创业板指数首次形成多头排列，从此
开启了一波轰轰烈烈的大牛市；2015 年下半年创业板指数首次
形成空头排列，自此开启了一轮大熊市，创业板指数一路下跌至
2018 年底；在 2019 年 2 月创业板指数再次形成多头排列，再一次
开启一轮波澜壮阔的大牛市；2022 年 2 月创业板指数再一次形成
空头排列，随后又迎来了一轮漫长的熊市。我们做投资应优选多
头排列的股票（或指数），远离处于空头排列的股票（或指数），
俗话说君子不立危墙之下。

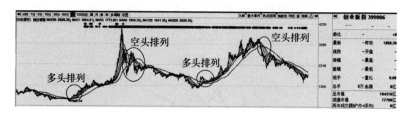

图 1-10　创业板指数 2010—2024 年日 K 线走势图

四、技术形态

技术形态是指股票价格图表上的某种特定形态，这些形态通
常反映了市场在某一时间段内的心理状态和供需关系，是市场参
与者共同行为的结果。技术形态一般分为整理形态和反转形态两
大类。

1．整理形态

整理形态是指市场上升或下降过程出现暂时休整的形态，整
理过后往往会沿着原趋势方向继续前进。比如：三角形整理形态，

矩形整理形态，旗形整理形态等。

（1）三角形整理形态是指市场在一段时间内处于不确定的状态，买卖双方力量相对均衡，价格波动逐渐减小，形成了一个类似于三角形的图形。三角形整理形态通常被认为是一种持续形态，它可能预示着市场将延续之前的趋势。主要分为三种：对称三角形整理形态、上升三角形整理形态和下降三角形整理形态。

对称三角形整理形态大多是发生在一个大趋势进行的中途，它表示原有的趋势暂时处于休整阶段，一般持续的时间不会太长，休整完毕之后还会随着原趋势的方向继续行动（见图1-11）。

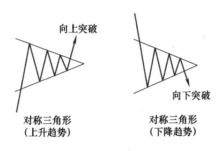

图1-11　上升趋势和下降趋势中的对称三角形

上升三角形整理形态是对称三角形整理形态的变形，两类三角形整理形态的下方支撑线都是向上发展的。不同的是，上升三角形整理形态的上方阻力线并非是向下倾斜的，而是一条水平直线。上升三角形整理形态比起对称三角形整理形态来，有更强烈的上升意愿，多方比空方更为积极。通常以上升三角形整理形态的向上突破作为这个持续过程终止的标志（见图1-12）。

下降三角形整理形态同上升三角形整理形态正好反向，是一种看跌的整理形态。它的基本内容同上升三角形整理形态可以说十分相似，只是方向相反。这里要注意的是：下降三角形的成交量一直十分低迷，突破时不必有大成交量配合（见图1-13）。

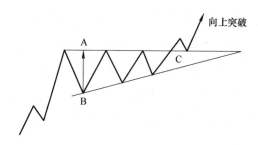

图1-12　上升三角形

图1-13　下降三角形

（2）矩形整理形态是指股票（或指数）价格在两条水平直线之间上下波动，呈现横向延伸的运动。矩形在形成之初，多空双方全力投入，各不相让。空方在价格涨到某个位置就抛压，多方在价格下跌到某个位置就买入，时间一长就形成两条明显的上下界线。随着时间的推移，双方的战斗热情会逐步减弱，成交量减少，市场趋于平淡。如果原来的趋势是上升的，那么经过一段矩形整理后，会继续原来的趋势，多方会占优势并采取主动，使股价向上突破矩形的上界；如果原来是下降趋势，则空方会采取行动，突破矩形的下界（见图1-14）。

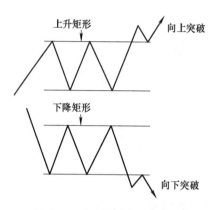

图 1-14 上升矩形和下降矩形

（3）旗形整理形态是指在一段上升或下跌行情的中途，可能出现一个下倾或上倾的平行四边形，形状就如同一面挂在旗杆顶上的旗帜，故此得名。旗形整理形态是一个趋势的中途休整过程，休整之后还要保持原来的趋势方向（见图1-15）。

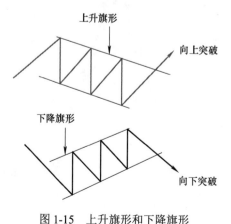

图 1-15 上升旗形和下降旗形

2．反转形态

反转形态是指市场趋势运行到顶部或者底部时当前趋势可能会停止，并开始朝相反方向发展的技术形态。比如：V形底（顶）反转形态、W底（M顶）反转形态、头肩底（顶）反转形态、三重底（顶）反转形态、圆形底（顶）反转形态、喇叭形反转形态等。

（1）V形底（顶）反转形态是市场中一种强烈的趋势反转信号，它表示价格在达到一个低点（或高点）之后，突然改变方向并快速反转，形成一个类似字母V（或倒V）的图形。这种形态表明市场情绪的急剧转变，导致价格快速反转方向。图 1-16 是上证指数 2006—2009 年月 K 线 V 形底反转形态和 V 形顶反转形态。

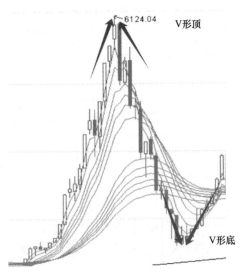

图 1-16　上证指数 2006—2009 年月 K 线 V 形底（顶）反转形态

（2）W 底（M 顶）反转形态是一种极为重要的反转形态，在实际中出现得也非常频繁。W 底（或 M 顶）也称为双重底（顶），是指股票价格在连续两次下跌（上涨）至相近的低点（高点）后形成的走势图形。这种形态通常被视为潜在的反转信号，表明股价在经过一段时间的下跌（上涨）后，可能会迎来反转期。图 1-17 是动漫游戏指数在 2023 年 5～6 月形成了一个标准的周 K 线级别 M 顶反转形态，随后指数腰斩。

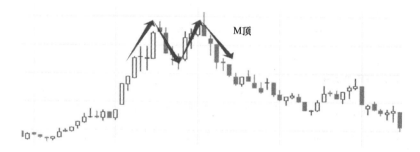

图 1-17　动漫游戏指数 2023 年 5～6 月周 K 线 M 顶反转形态

（3）头肩底（顶）反转形态是实战中出现最多的一种形态，也是最著名和最可靠的反转突破形态。头肩顶形态一般通过连续的三次起落构成该形态的三个部分，也就是要出现三个局部的高点。中间的高点比另外两个都高，称为头；左右两个相对较低的高点称为肩。这就是头肩顶形态名称的由来。反之，则称为头肩底反转形态。图 1-18 是创业板指数 2019 年的头肩底反转形态和 2021 年的头肩顶反转形态。

我们做投资应优选出现底部反转形态的股票（或指数），远离出现顶部反转形态的股票（或指数）。

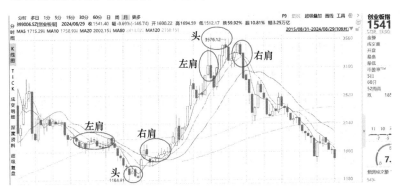

图 1-18　创业板指数 2012—2024 年月 K 线头肩底（顶）反转形态

五、技术指标

技术指标是技术分析中用于评估证券（如股票、债券、期货等）价格走势的工具。它们帮助投资者识别市场趋势、波动性、潜在的支撑和阻力水平，以及可能的买入或卖出信号。比如：KDJ、MACD、TRIX、SAR、波段抄底逃顶指标等。

（1）KDJ 指标又称随机指标，是一种常用的技术分析工具，用于衡量某个金融资产在特定时间段内的价格位置，尤其用来识别超买或超卖的状况。由于 KDJ 比较灵敏，短周期变化过于迅速，短周期的参考价值不大，故一般使用长周期才具有参考意义。比如，图 1-19 是创业板指数自 2005 至 2024 年 5 月 6 日的季线图，每当 KDJ 出现金叉往往会迎来一波上涨，每当 KDJ 出现死叉往往又会迎来一波下跌，现在即将出现一个新的金叉，接下来会迎来一波上涨行情吗？让时间来验证。

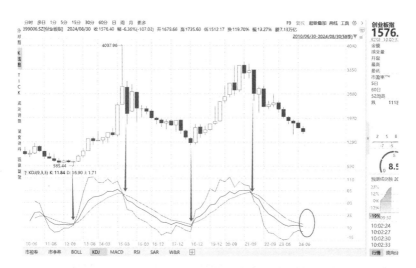

图 1-19　创业板指数 2005—2024 年季 K 线 KDJ 金叉死叉图

（2）MACD 指标又称为指数平滑异动平均线，是利用快速移动平均线和慢速移动平均线，在一段上涨或下跌行情中两线之间的差距拉大，而在涨势或跌势趋缓时两线又有相互接近或交叉的特征，它是通过双重平滑运算后研判买卖时机的方法。

图 1-20 是中证全指自 2005 年至 2024 年 4 月 30 日的月 K 线图，这 20 年来一共出现了四次月 K 线 MACD 金叉，每次出现后都会迎来一波月 K 线级别的上涨行情。

第一次出现月 K 线 MACD 金叉是在 2006 年的 1 月，随后迎来了两年的轰轰烈烈大牛市，这轮上涨最高涨幅为 626%。

第二次出现月 K 线 MACD 金叉是在 2009 年的 7 月，随后迎来半年高位震荡，这轮上涨最高涨幅为 25%（注：此次出现金叉仅仅上涨了 25%，就开始了顶部震荡）。

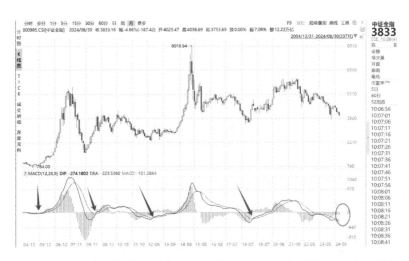

图1-20 中证全指指数2005年至2024年4月30日月K线MACD金叉图

第三次出现月K线MACD金叉是在2013年的2月，随后迎来了两年半的大牛市，这轮上涨最高涨幅为258%。

第四次出现月K线MACD金叉是在2019年的4月，随后迎来了近两年牛市，这轮上涨最高涨幅为83%。

现在虽然还没有出现第五次金叉，但有出现的趋势，我预感到中证全指月K线MACD金叉大概率会在2024年下半年再次出现。

图1-21是中证全指2005年至2024年4月30日的月K线图，这20年来一共出现了四次月K线MACD死叉，每次出现死叉也都会迎来一波月K线级别的大跌行情。

第一次出现月K线MACD死叉是在2008年的3月，随后迎来了一年的惨不忍睹的大熊市，这轮下跌最高跌幅为73%。

第二次出现月K线MACD死叉是在2010年的5月，随后迎来了长时间的震荡下跌走势，这轮下跌最大跌幅为 41%。

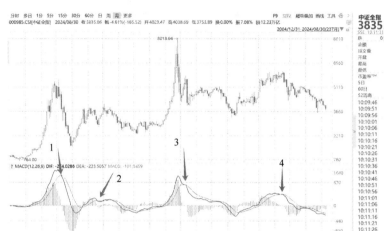

图 1-21　中证全指指数 2005 年至 2024 年 4 月 30 日月 K 线 MACD 死叉图

第三次出现月 K 线 MACD 死叉是在 2015 年的 11 月，随后迎来了三年多的大熊市，这轮下跌最高跌幅为 58%。

第四次出现月 K 线 MACD 死叉是在 2021 年的 12 月，随后迎来了两年多的熊市，这轮下跌最高跌幅为 46%。

我们通过上述案例可以看到，大周期的 MACD 指标对于指数的大周期趋势判断还是具有很高参考价值的。

（3）TRIX 指标是一种动量指标，用于识别价格的长期趋势变化，它通过比较三个指数移动平均（EMA）的变化率来实现这一点。TRIX 指标对于中长期趋势的识别特别有用，并且可以帮助投资者发现趋势的早期变化。当 TRIX 线上穿其信号线（通常是 TRIX 的移动平均线）时，可能是一个买入信号；当 TRIX 线下穿其信号线时，可能是一个卖出信号。

图 1-22 是生物医药指数自 2010 年至 2024 年 5 月 6 日的月 K 线图，回看历史数据，每当底部出现 TRIX 指标金叉，生物医药指数都会迎来一波大涨，每当顶部出现 TRIX 指标死叉，生物医药指数都会迎来一波大跌。

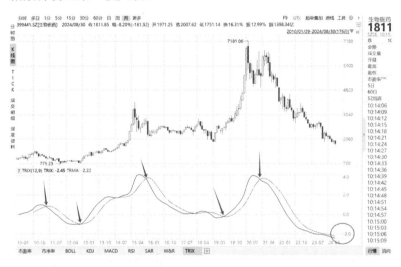

图 1-22　生物医药指数 2010—2024 年月 K 线 TRIX 图

（4）SAR 指标即抛物线止损和反转指标，是一种趋势跟踪动量指标，用于确定当前趋势的强度以及潜在的反转点。SAR 指标为投资者提供了一种动态管理风险和捕捉趋势的方法，它会随着市场趋势的变化而调整，帮助投资者确定交易时机。当 SAR 位于价格之下时，表明处于上升趋势；当 SAR 位于价格之上时，表明处于下降趋势。当价格从 SAR 之下向上突破 SAR 时，可能是买入信号；当价格从 SAR 之上向下突破 SAR 时，可能是卖出信号。

图 1-23 是创业板指数自 2010 年至 2024 年 5 月 6 日的月 K 线

SAR 图，每当指数从 SAR 之下向上突破 SAR 后都是迎来一轮大涨行情，而当指数从 SAR 之上向下突破 SAR 后都会迎来一轮大跌行情。

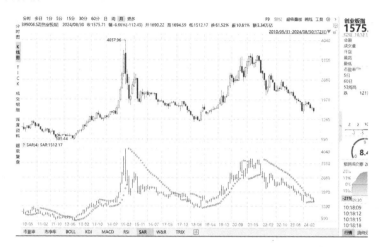

图 1-23　创业板指数 2010 年至 2024 年 5 月 6 日月 K 线 SAR 图

（5）波段抄底逃顶指标。到了技术分析阶段的后期，我开始自己研究制作技术指标，下面就是一个自制的波段抄底逃顶指标。当底部出现指标金叉和红色抄底信号时，可以入场抄底；当顶部出现指标死叉和绿色逃顶信号时，可以逃顶出局。

图 1-24 是中证全指指数自 2005 年至 2024 年 5 月 6 日的月 K 线图，这 20 年来，一共出现了三次波段抄底信号，前两次出现抄底信号后都会迎来一波上涨，现在这次还需要未来的时间来验证。

第一次波段抄底信号出现是在 2012 年的 12 月，随后迎来了两年半的大牛市，这轮上涨最高涨幅为 258%。

第二次波段抄底信号出现是在 2019 年的 1 月，随后迎来了近两年牛市，这轮上涨最高涨幅为83%。

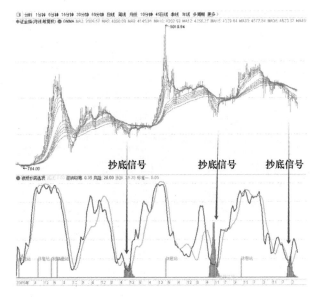

图1-24　中证全指指数2005—2024年月K线波段抄底图

第三次波段抄底信号出现是在2024年的2月，这是中证全指上市20年来第三次出现波段抄底信号，未来具体怎样演绎，咱们让时间来见证。

图1-25是中证全指指数自2005年至2024年5月6日的月K线图，这20年来，一共出现了三次波段逃顶信号，每次出现波段逃顶信号后都会迎来一波大跌的熊市行情。

第一次波段逃顶信号出现是在2007年的11月，随后迎来了一年多的暴跌大熊市，这轮下跌最大跌幅为72%。

第二次波段逃顶信号出现是在2015年的6月，随后迎来了三年大熊市，这轮下跌最大跌幅为58%。

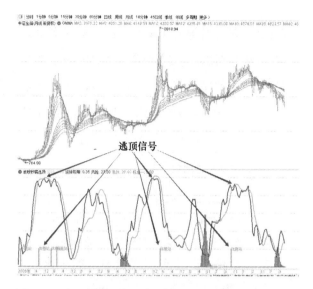

逃顶信号

图 1-25　中证全指指数 2005—2024 年月 K 线波段逃顶图

第三次波段逃顶信号出现是在 2022 年的 10 月，随后迎来了两年熊市，这轮下跌最大跌幅为 42%。

六、突破买入法

突破买入法是一种流行于股票、外汇、期货等金融市场的交易策略，它基于动量和趋势交易的逻辑，当市场显示出强劲的上升或下降动能时，标的价格如果突破关键技术位置，可能预示着新的趋势形成，从而为投资者提供买入机会。

在 2023 年国庆假期期间，我去试驾了一下问界 M7，回家后研究了一下赛力斯的基本面和技术面。当时单纯从技术面看，在 2023 年 9 月 28 日赛力斯突破前高放量涨停，这个涨停板是其突破前高后小幅回调 7 个交易日，再次放量突破的一个涨停，这是对前高的突破确认，是主升浪的起爆点。由于有基本面支持，且有着强烈的题材（华为概念），这意味着节后大概率会被爆炒一波，个人预感节后开盘大概率会直接一字涨停板，如果开盘前挂涨停板追高买入的话，大概率会吃一段肉。为了验证曾经的技术盘感，我就在节后开盘时发了个帖子，如图1-26所示。

图1-26　赛力斯2023年10月9日涨停板发帖截图

随后赛力斯在2023年10月9日果然涨停开盘，自此之后连续上涨，赛力斯的股价一口气从61元上涨至99.97元，短时间暴涨 60% 多。单纯从技术分析的角度，大家可以仔细看看图 1-27，股价在前高附近缩量整理 5～7 个交易日后，放量突破前高，随后跳空高开，这就是主升浪的节奏。以后投资者如果遇到这种图形，同时还能叠加基本面利好时，可以多看几眼。

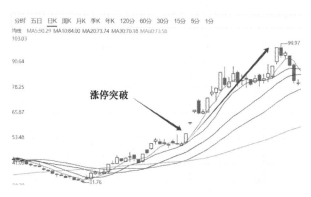

图 1-27　赛力斯 2023 年 10 月 9 日涨停板之后走势图

七、交易量

　　交易量是衡量在特定时间内买卖某种证券（如股票、债券、期货等）数量的指标。它通常以单个交易日内的交易单位数来表示，是技术分析中非常重要的组成部分。俗话说量在价先，地量见地价、天量见天价。交易量通常会在价格趋势的确认中起到关键作用。交易量数据应与其他技术分析工具结合使用，如趋势线、均线形态和技术指标等。

　　以上就是我在技术阶段学习技术分析的部分内容，这个阶段我夜以继日地学习波浪理论、均线系统、技术指标、趋势交易等所有和技术相关的知识，一直在拼命钻研技术。这个学习过程中我还穿插做过低风险的基金、封闭式基金、可转债交易、量化交易等，直至后期开始自己琢磨制作技术指标，自己还研究了一套海龟交易指标及波段抄底逃顶指标。这个阶段经历了一个从少到多，再化繁为简的过程，我现在还在用的只剩下少数几种适合自己的技术分析方法。

你发现了没有？上面我使用的技术指标周期都是大周期，小周期所有的指标可以说都不太准，没有必要看，看了也没有多少意义。看大周期，往往所有的指标都是比较简单有效的，所以我喜欢看各种技术指标的月线，月线说短不是很短，说长也不是很长，正好是中长期。如果用上述的任何一种技术分析方法（哪怕单纯用技术指标）做大周期波段，你也可以赚钱。只要能够耐住性子，每当出现抄底信号的时候买入，随后持有不动，耐心等到出现卖出信号的时候去卖出，这样操作就可以稳定获利，前提是有耐心和按照信号严格执行的能力。

但是，所有技术分析都会存在局限性，因此投资者应结合市场情况和个人风险偏好综合起来使用，当多个技术分析方法产生呼应时，可靠性将会大大提高。现在回头来看，我不否认技术，不论哪种投资只要做到精、做到专，就能立于不败之地，但是技术分析仅仅是投资参考的一个维度而已，一定不要把它当成唯一的投资依据。同时技术分析也不一定适合所有人，技术分析是把双刃剑，需要强大的纪律和执行力，我认为大部分普通投资者应该很难做到，个人认为普通投资者还是回归投资的本源更从容。

第三节　单纯的基本面阶段

研究过技术分析的投资者应该都知道，技术分析会有很多缺陷。比如技术指标长周期和短周期经常相反；比如技术指标有时候和波浪理论、均线系统相反；再比如短周期往往有效性差，而长周期有效性会高，有时候同一个时间段不同周期会出现相反的信号；再比如牛市行情技术分析准确性高，而熊市行情技术分析准确性低等。

这些技术分析的使用缺陷都是技术分析的死穴，很难被解决。再者因为不了解企业，心里没有底，对于技术的纪律和执行就很难实施，当我发现这些情况以后，就开始再次进阶，进入了我的第三个阶段：单纯的基本面投资阶段。

这个阶段就是所谓的价值投资阶段，巴菲特曾经说过一句话：对于价值投资这件事情，你要么是在五分钟之内就会接受它，要么可能一辈子也很难接受它。

而我就是前者，当我遇到价值投资之后，我就秒懂了。当我明白了股价的上涨归根结底是企业净利润的增长时，我突然发现自己以前是多么无知，在错误的路上再怎么努力有可能也是南辕北辙。我甚至一度认为以前的混沌阶段和单纯的技术面阶段都是旁门邪道，价值投资才是投资的本源，随后，我开始拼命地学习价值投资相关的知识，比如能力圈、内在价值、行业格局、商业模式、财务分析、安全边际，以及钻研什么是好行业、好公司、好时机等知识。

　　价值投资的核心就是股价围绕着内在价值波动（见图 1-28），公司的内在价值最终指引着股价的走向。但是有时候股价会大幅度偏离内在价值，从而让投资者产生疑问，甚至出现迷茫。

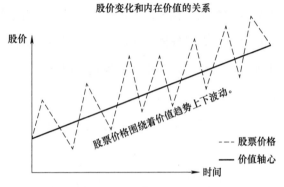

图 1-28　股价变化和内在价值的关系

　　我以非常经典的遛狗理论来解释一下这个现象。小区里遛狗的时候，有时候小狗会远远地跑在主人的前面，小狗的主人已经看不见小狗了，这时候主人往往以为小狗跑丢了；有的时候小狗又会远远地落后于主人，小狗的主人也是看不见小狗了，这时候小狗的主人也会认为小狗跑丢了。但小狗的主人错了，小狗总会回到他的身边，这其实也是均值回归。

　　在这个故事中，其实小狗就是股价，主人就是内在价值。我们价值投资者就喜欢在价格远远低于其内在价值的时候入场，当价格远远超过内在价值之时我们出场，赚这一段确定性均值回归的收益。

价值投资还有一个经典公式：公司市值 = 净利润 × PE。

我们通过这个公式可以看到，影响公司市值变化的因素主要有两个，一个是公司的净利润；另一个就是 PE，也就是公司估值市盈率。

价值投资者从股市赚钱其实就是赚的市值增长的钱，比如你买入某家上市公司时，该公司市值为 100 亿元，过了三年该公司市值增长到了 200 亿元，那么意味着你在这三年收益翻倍了。

上市公司市值增长，有三种情况：第一种是拉高估值；第二种是企业净利润增长；最后一种是拉高估值的同时净利润又增长了，也就是戴维斯双击。

第一种情况是单纯拉高估值。其实这就是纯粹的题材炒作。公司利润不增长的前提下，单纯利用资金优势拉高估值，股价也可以上涨，如果你把握好时机，参与这种跟风操作也可能赚钱，这也是我第一阶段参与的题材炒作混沌阶段。股市中每年都有题材炒作，不论是牛市还是熊市，不论是好股票还是垃圾股，都会有题材炒作的时候。只是参与题材炒作赚钱的概率实在是太低太低，但总是有这么一部分投资者热衷于题材炒作，即使亏损累累也乐此不疲。

第二种情况是企业净利润增长。这种情况是相对容易把握的，投资者需要分析企业的商业模式、销售模式、财务状况等，根据企业的发展情况估算企业未来的增长情况，从而获取企业净利润增长带来的市值增长收益。

比如，我在 2016 年投资老板电器时就是按照价值投资中的赚取企业净利润增长的思路去操作的。当时老板电器自 2010 年至 2015 年扣非净利润增长一直维持在 40% 左右，在 2016 年初当估值处于箱体和技术底部时我开始买入，随后赚取了一波企业利润增长的收益，直至 2017 年股价炒作有点过时选择了卖出，随后二次加仓了（已经配置了的）当时性价比更高的新城控股（见图 1-29）。

老板电器(SZ002508)   上一页 下一页

全部 **年报** 中报 一季报 三季报   □同比

财报币种：人民币(CNY)

报告期 ⌄	2015年报	2014年报	2013年报	2012年报	2011年报
关键指标					
营业收入	45.43亿	35.89亿	26.54亿	19.63亿	15.34亿
营业收入同比增长	26.58%	35.24%	35.21%	27.96%	24.54%
净利润	8.30亿	5.74亿	3.86亿	2.68亿	1.87亿
净利润同比增长	44.58%	48.95%	43.87%	43.34%	39.19%
扣非净利润	8.17亿	5.57亿	3.83亿	2.60亿	1.80亿
扣非净利润同比增长	46.70%	45.68%	47.33%	44.05%	38.16%

图 1-29　老板电器 2010—2015 年财报数据截图

最后一种情况就是戴维斯双击。 公司净利润大幅增长的同时公司估值也大幅提升，这时候就会获得估值和净利润相乘的倍数增长的收益。这是最容易赚大钱的情况，很多投资者赚钱最快的阶段都是牢牢抓住了戴维斯双击。

比如，我在 2016 年首次建仓新城控股的时候，新城控股当时估值为 11 倍 PE，其 2015 年的扣净利润为 12.41 亿元。新城控股的估值一度达到 23 倍 PE，后来由于新城控股在 2019 年发生了一件人尽皆知的不可控事件，我被迫全线清仓（见图1-30）。当年新城控股的扣非净利润达到了**99.82亿元**。估值和利润的同时提升，成就了新城控股那段时间的大牛走势。

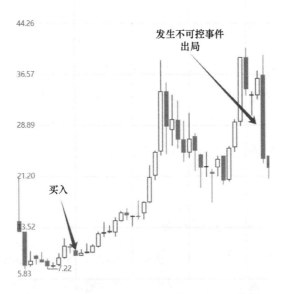

图 1-30　新城控股 2015—2019 年 8 月月 K 线图

总结下来，价值投资的核心就是在有安全边际的低估区域买入护城河深、商业模式好、成长确定性强的优秀企业，耐心持有，通过陪伴优秀企业成长获取企业增长的回报。

当我经历了混沌阶段、单纯的技术面阶段和单纯的基本面阶段这三个投资阶段的磨炼，又向市场交过若干学费之后，深深地体会到对于绝大部分投资者而言，价值投资才是真正可学、可用、可掌握、可稳定复利赚钱的投资方式。

第四节　道术相结合综合投资的阶段

由于我国的资本市场还比较年轻，且散户参与比例非常高，从而决定了市场的波动性非常大。每当市场低迷的时候，价格往往会远远低于其内在价值且持续时间会很长，这个过程注定很漫长也很难熬。而当市场亢奋的时候，价格又会远远高于其内在价值，价值投资者又往往容易提前卖出，时机不好把握。

所以，接下来我就进入了投资的第四个阶段：道术相结合综合投资的阶段。这个阶段我以基本面价值投资为主、技术面为辅，同时纳入政策面、资金面、估值面和情绪面等维度进行综合投资。

一、第一个维度是基本面

证券价格由其内在价值决定，受政治、经济、心理等诸多因素影响而频繁变动，往往很难与内在价值完全一致，但总是围绕内在价值上下波动。故基本面维度只能大概测算上市公司的长期投资价值和安全边际，并与当前的股票价格进行比较，在有足够安全边际的情况下买入并长期持有，在安全边际消失后卖出。

所以这个阶段我首先就是根据价值投资的模式比如行业特性、行业前景、行业格局、商业模式、财务分析、安全边际等因子，去选出好行业里的好公司以及好基金（包括行业基金、大盘宽基和主动基金），随后加入自选动态跟踪，耐心等待下面几个维度共振时出现的好时机，再分批买入并耐心持有，最后在远高于其内在价值时卖出。

如果把沪深 300 指数当作一家上市公司，这家公司自 2005 年以来一直沿着 8%～12%的复利曲线在上涨，虽然偶尔会突破上下轨，但长期来看会一直沿着 8%～12%的复利曲线缓慢上涨。图 1-31 是我做的一个沪深 300 指数基本面牛熊图，虽然现在暂时跌破 8%的复利增长线，我认为未来大概率还是会涨回去的。

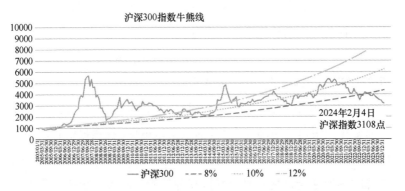

图 1-31　沪深 300 指数 2005—2024 年基本面牛熊图

二、第二个维度是宏观的政策面

我们做投资很重要的就是要跟政策走，历史数据一次又一次地证明了这句话的有效性。如果宏观政策面对待资本市场是强烈支持并暗示机会，那么我们就积极做多；如果宏观政策面对待资本市场是提示过热有风险，那么我们就暂时退出市场。

1996 年有关部门连续下发了 12 条政策措施，旨在对股市进行管控，以防止股市的过度投机和疯涨。最终股市在这12道金牌影响下开始大幅回调，这一系列政策对股市产生了显著的冷却效果。

2015年6月，出了一则各大券商严查场外配资、暂停场外配资新端口的通知，政策意图非常明显，发出信号去配资杠杆，这时候一定要听话，卸下杠杆撤退。随后发生的事，大家都知道，就不用我复述了。

2018年10月，从一行两会掌门人纷纷表态力挺A股市场，再到国务院副总理主持的金融委专题会议罕见表态股市做出五大定调，再随后上交所、深交所和中国基金业协会等三部门齐发声，用实际行动疏困股权质押风险，用制度改革和一线监管稳定市场、提振信心。这时政策面已经非常明显地表示出现在要把股市搞好，事实上随后2019年到2021年A股涨了一波牛市。

2023年底至2024年初，对于股市的政策利好隔三岔五出台，时隔多年政策再次明确提出"要活跃资本市场，提振投资者信心"，同时还配套出台了包括但不限于印花税下调、收紧IPO及再融资、调降融资保证金、规范股份减持行为等相关政策，紧随其后"国家队"又亲自下场买入宽基指数ETF，最后新国九条再次重磅发布。此时此刻政策面是一个利好加一个利好，利好政策多得数都数不清，这是要干什么？大家琢磨琢磨，目的是不是想让股市涨起来呢？其实政策面就差点直说了：入场吧，此处机会大于风险。虽然现在股市还没有涨，但任何事物从量变到质变往往会有一个临界点，当临界点到来之后就会沿着政策引导的方向爆发。接下来股市会不会上涨？两年后回头来看看你就明白了。

如果政策面开始提示风险了，并且三番五次提醒风险，你还不走，那时候不套你套谁呢？如果政策面提示机会了，并且三番五次提示机会，你不入场，那么你不踏空谁踏空？现在的利好政策正在逐步累积，当突破临界点后自然而然地就会沿着政策引导的方向爆发。

三、第三个维度是资金面

因为资本都是逐利的，哪边潜在利润高，资金就会像水一样流过来。所以我就在权益资产和其他大类资产之间进行资产比价，观察哪一种资产更有性价比。如果权益资产的性价比高，那么我们就要重点配置权益资产，如果权益资产的性价比低，我们就减少配置权益资产。从历史回测数据上看，每当权益资产性价比非常高的时候，往往都对应着股市的底部区域。

如图 1-32 所示，这张资产比价的图就是在 2024 年 2 月 5 日发表的，当时权益市场的性价比非常非常高。当时权益市场比其他大类资产具有更高的性价比。

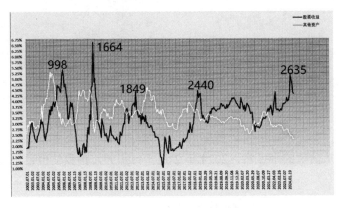

图 1-32　资金面的资产比较图

四、第四个维度是估值面

假设宏观政策面支持股市，权益资产的性价比又非常高，但如果估值不便宜，那么股市大概率很难涨起来。从历史数据回溯看，每一次牛市上涨都是在估值非常便宜的时候，叠加其他的政策配合、技术到位等共同作用下启动的。

我一般用便宜度来表示估值面，我按最便宜到最贵从 1 到 100 等比例划分量化做成图表进行跟踪。图 1-33 是中证全指指数便宜度走势图，2024 年 2 月 5 日处于距离最便宜为 1.69%分位，距离最贵为 98.31%分位，距离 2005 年 998 点和 2008 年 1664 点仅仅一步之遥，已经比 2013 年 1849 点和 2018 年 2449 点还便宜。

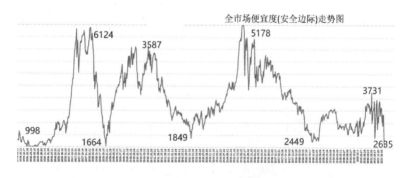

图 1-33　全市场便宜度走势图

从估值的维度看，2024 年 2 月 5 日那天，指数估值已经非常便宜了，虽然便宜不代表马上能上涨，但从历史回溯看极度便宜后都会上涨，上涨只会迟到，不会不来。

五、第五个维度是情绪面

市场情绪是非常重要的参考指标，俗话说行情往往在绝望中产生，在犹豫中上涨，在疯狂中结束。历史上，每次底部都是在各种利空和鬼故事的绝望中产生，这个时刻市场冷冷清清，没有人敢入市，你就是八抬大轿请也没有人来，行情往往就在这种绝望中产生。随后市场在投资者犹犹豫豫的怀疑中上涨，最后逐步演绎到场外资金疯狂入市、拦也拦不住的场景，市场情绪极度亢奋，行情就这样在欢乐的疯狂中结束。

股市行情总是这样，每一次都是在绝望中产生，在犹豫中上涨，最终在疯狂中结束，就这样一次又一次地重复上演，永无休止。图 1-34 是我做的市场情绪量化图，在 2024 年 2 月 5 日时，经过三年的持续下跌，市场情绪进入绝望区域。

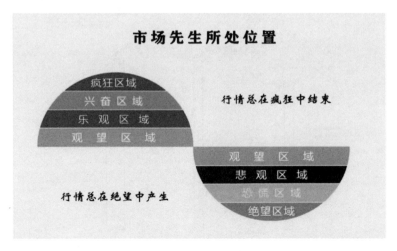

图 1-34　市场情绪量化图

六、第六个维度是技术面

这个维度是指根据单纯的技术面投资阶段的各种技术分析来综合判断买卖时机，我主要使用波段抄底逃顶指标和月 K 线 MACD 两个指标。俗话说，万事万物都有势，多数技术指标都属于动量指标，容易与资金形成正反馈及正向循环。使用技术指标时，当大周期指标出现抄底（或逃顶）信号后，再使用小周期指标寻找具体的买卖点。

比如，当波段抄底逃顶指标出现抄底信号时可以开始左侧分批买入，图 1-35 中证全指在 2012 年至 2013 年 1 月和 2018 年 7 月至 2019 年 1 月出现两次左侧分批抄底信号，随后都是迎来了大涨的牛市行情。在 2024 年 2 月再次发出左侧分批抄底信号，接下来是否还能迎来一波大涨的牛市行情呢？咱们拭目以待。

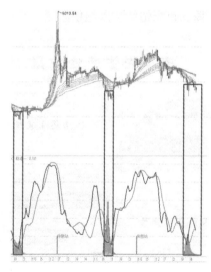

图 1-35　中证全指 2012—2024 年 1 月月线走势图

比如，当月线 MACD 出现金叉时可以开始右侧分批买入，图 1-36 是中证全指在 2012 年 12 月和 2019 年 4 月出现两次右侧分批买入信号，随后都是迎来了大涨的牛市行情。最近还没有出现右侧买入信号，大家可以再耐心等待信号的出现。

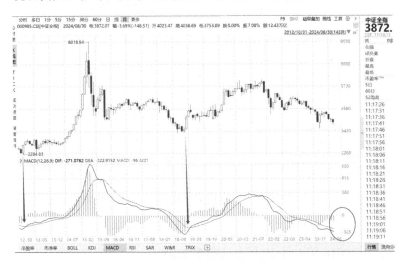

图 1-36　中证全指 2011 年至 2024 年 1 月月 K 线走势图

最后，综合汇总以上六个维度后，浓缩成一张资产配置权益仓位图。

我根据上面六个维度进行汇总量化，做成一张资产配置权益仓位图来指导具体的投资（见图 1-37）。从历史数据看，每当权益仓位超过 90%往往都对应着一个非常重要的底部区域，这时候需要配置权益的高仓位，意味着正好抄了大底；每当权益仓位小于 10%往往都对应着一个非常重要的顶部区域，这时候需要配置权益的低仓位甚至零仓位，意味着正好逃了大顶。

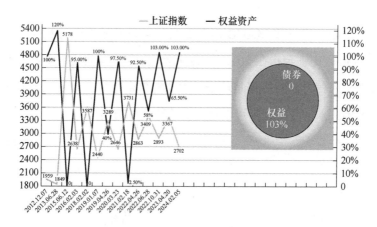

图 1-37 资产配置模型权益仓位图

比如，在 2013 年 6 月 25 日上证指数 1849 点，资产配置仓位模型显示当时权益资产需要配置 120% 的仓位，正好杠杆抄底。

在 2015 年 6 月 12 日上证指数 5178 点，资产配置仓位模型显示当时权益资产需要配置 0 的仓位，正好空仓逃顶。

在 2016 年 1 月 29 日上证指数 2638 点，资产配置仓位模型显示当时权益资产需要配置 95% 的仓位，正好重仓抄底。

在 2018 年 1 月 29 日上证指数 3587 点，资产配置仓位模型显示当时权益资产需要配置 0 的仓位，正好空仓逃顶。

在 2019 年 1 月 4 日上证指数 2440 点，资产配置仓位模型显示当时权益资产需要配置 100% 的仓位，正好全仓抄底。

在 2019 年 4 月 8 日上证指数 3288 点，资产配置仓位模型显示当时权益资产需要配置 40% 的仓位，正好处于反弹中期小顶部。

在 2020 年 3 月 19 日上证指数 2646 点，资产配置仓位模型显示当时权益资产需要配置 97.5% 的仓位，正好重仓抄底。

在 2021 年 2 月 18 日上证指数 3731 点，资产配置仓位模型显示当时权益资产需要配置 2.5%的仓位，正好可以逃顶。

在 2022 年 4 月 27 日上证指数 2863 点，资产配置仓位模型显示当时权益资产需要配置 92%的仓位，正好重仓抄底。

在 2022 年 10 月 31 日上证指数 2885 点，资产配置仓位模型显示当时权益资产需要配置 103%的仓位，正好轻微杠杆抄底。

在 2023 年 5 月 9 日上证指数 3418 点，资产配置仓位模型显示当时权益资产需要配置 65%的仓位，正好处于反弹中期小顶部。

在 2024 年 2 月 5 日上证指数 2635 点，资产配置仓位模型显示当时权益资产需要配置 103%的仓位，这意味着权益资产不但需要满仓，甚至可以轻微上 3%的杠杆。这天上证指数最低探到 2635点，收盘于 2702 点。当时市场情绪绝望，绝大部分的投资者都以为风险来了，都在割肉清仓离场。

单纯从以上历史回测数据看，最近这 10 年可以说资产配置模型权益仓位图准确度很高。但是，站在统计学的角度上来看，任何一种投资分析都无法做到绝对正确，不排除该模型在接下来的日子里会出现无效的可能。但无论如何，资产配置权益仓位模型还是为我们股市投资提供了一条重要参考依据。

以上就是道术相结合投资阶段的相关学习内容，在实际的股市操作中，如果宏观政策面对股市有利且权益资产的性价比又非常高，市场估值也处于历史底部区域、市场情绪绝望，同时叠加技术层面见底，而这时资产配置模型权益仓位又达到了 90%及以上，我们就可以勇敢点，大胆出手！

第五节　大道至简回归指数投资的阶段

　　大家发现了没有，上面四个投资阶段是从简单到复杂的，需要掌握的知识越来越多、越来越难。其实，这违背我们做投资的初衷，做投资的目的不就是想轻轻松松地让钱去生钱来改善生活吗，然而实际投资搞得很复杂、很累，稍有不慎还会亏钱，这不是我想要的方式。所以，我想如此做投资不如大道至简回归指数投资。指数投资相对上面几个投资阶段来说比较轻松，而且还大概率能够赚到钱，何乐而不为呢？

　　现在上市公司5000多家、基金10000多只，我们作为普通投资者，从这么多的上市公司（或基金）里筛选出优秀标的是非常难的一件事情。关键现在全面注册制下选股难度会越来越大，踩雷的风险也会越来越高。而指数基金相对来说选择起来比较简单，赚钱概率相对来说比较高。

　　我们做投资最需要的就是确定性，而指数投资最大的好处就是有确定性。大盘宽基指数代表我国经济的长期发展走势，所以它能够以一波又一波创新高的方式持续上涨，这也是大盘宽基的确定性，优秀的行业指数基金也是同理。

　　比如，沪深300指数自上市以来沿着8%～12%的复利曲线在持续新高式上涨。虽然最近三年沪深300指数在回调（见图1-38），我相信接下来不用太久就能够创出历史新高，也就是突破2021年创出的5930点，甚至站上6000点。我个人认为这是一个大概率的确定性事件，无非就是时间不确定而已，也许两年，也许三年，也许五年。

图 1-38　沪深 300 指数 2005—2024 年月 K 线图

我们来做个假设，假设现在在沪深 300 指数 3300 点的位置买入，即使买入后又跌到 3000 点，也就跌了 300 点而已，但我可以100%确定它能涨到 4000 点以上，这意味着有 20%多的收益，这个收益是确定性的收益。并且以后沪深 300 指数大概率能涨到 4500 点或者 5000 点甚至 6000 点，可以说这一大段的收益也是确定性收益。

只要在低估区域定投大盘宽基指数，随后耐心持有，耐心等待高估区域去止盈，这种大周期的波段操作是一种大概率赚钱的操作模式。并且这种模式相对来说比较轻松、简单。

但如果我们去做个股的话就很难说结果如何了，也许选出了一只大牛股，很短的时间就翻倍了；也许选到了一只垃圾股，不多久竟然退市了。这种操作存在巨大的不确定性，对普通散户来说极不友好。

当我股海沉浮 21 年后，最终发现普通散户胜率比较高，赚钱概率比较大的方法就是，在估值底部区域分批买入大盘宽基指数或者长牛型的行业指数，做时间的朋友，耐心地持有，耐心地等待高估区域去止盈，做这种大周期的波段，这将是大部分普通散户在股市唯一的出路（高手除外）。

所以，未来我也计划全面转型到指数投资上，计划未来在大盘宽基指数或长牛型行业指数进入低估区域后开始分批买入，随后耐心持有，做时间的朋友，耐心等待高估区域去止盈，做这种大周期的波段。

我相信这种大概率、高胜率赚钱的投资方法，也适合时间不充足、知识储备不完善的绝大部分普通投资者。我也相信简单的投资方法重复做，重复的事情一直做，那么你大概率也会在投资市场走向最终的成功。

以上就是我投资这21年所经历的五个阶段，我在不同阶段钻研了各式各样的投资方法，这期间在网络中也遇到了不少投资风格各异的成功人士，意识到不论哪种投资模式只要做到精、做到专，就能立于不败之地。在股市中生存下来的道路有千万条，不论是技术投资、价值投资、指数投资，还是综合投资模式，只要能够做到知行合一，能够稳健复利获利且适合自己，就是最好的投资模式。

路漫漫其修远兮，吾将上下而求索，当你对股市有了全面认识，能够克服高位的贪婪和低估区域的恐惧，你大概率可以走上资本市场的一条康庄大道。希望小伙伴们都能够在股市找到适合自己的投资之道，祝愿所有投资者都能心想事成！

第二章

投资中最重要的事

第一节　股市到底是天堂还是地狱

如果你爱一个人，就让他去股市，因为那里是天堂！

如果你恨一个人，也让他去股市，因为那里是地狱！！

如果你对一个人爱恨交加，同样也让他去股市，因为那样他会生不如死！！！

没错，这就是股市，它是金融王国王冠上的那颗耀眼的明珠，也是魔鬼撒旦手中通往地狱之门的邪恶钥匙。

巴菲特通过股市，利用价值投资的方法投资股票和基金，1965—2022年财富增长了3.79万倍，年化收益率达到19.8%，在2008年度位列全球富豪榜第一，成为全球首富。自此至今，巴菲特都位列全球财富榜前列，对于巴菲特来说股市就是天堂。

然而股市对于绝大部分投资者来说又是地狱。放眼全球，在股市失败的牛人也比比皆是。百年一遇的股市奇才利弗莫尔经历多次破产和东山再起后，最终破产自杀；费雪在1929年股市泡沫破灭后买入自认为是便宜的股票，结果几天之中损失了几百万美元，一贫如洗；索罗斯1987年做空日本股票，结果惨败；物理学家牛顿在疯狂顶部大资金买入，结果损失惨重，惊叹：我能计算出天体的运行规律，却无法预测人类的疯狂。

曾经作为小白的我，无数次异想天开地认为，股市是个可以快速致富发大财的地方，股市是个轻松赚大钱的地方，股市是个可以让全体股民改变命运的地方，然而现实恰恰相反。

经历熊市几年，接下来的发展往往会有三种情况。

第一种情况，很多投资者在底部彻底崩溃，割肉出局。

第二种情况，有部分投资者终于坚持到一个反弹浮亏稍微减少，立马割肉出局。

第三种情况，有部分投资者最终坚持到未来的反转大涨，在大涨回本后马上出局。

这几种情况我都经历过，经过这么一番折腾，最终结局是可怜的本金，仅仅剩下了一点零头。

事情到此并没有终结，当市场在底部区间这么震荡几个回合后，牛市再次来临。当牛市初期来临，已经没有人相信还会有牛市了，这时行情在人们的犹豫中上涨，慢慢相信牛市的人又多了起来，逐渐有了赚钱效应。随后行情逐渐火爆、疯狂，大家一致认为牛市来了，再次疯狂入市，一个轮回重新上演。

然后就没然后了……

曾经作为小白的我，使用这种方法在混沌阶段轻轻松松奥迪变奥拓、宝马变摩托，最终亏得一塌糊涂。如果不思上进，那么人就会原地踏步，在此阶段往复循环，直至淘汰出局（可以说大部分人在此阶段就到了终点）。悄悄地问一句，曾经的我，会不会是现在的你呢？

我们可以简单地得出结论，股市仅仅对极少部分投资者来说是天堂，对于绝大部分人来说是地狱。七亏二平一赚的特性已经注定了大部分投资者的宿命。

写到这，亲爱的朋友，不论你是我情同手足的朋友还是素不相识的陌生人，我真心地说一句：一般不要踏入这个人性博弈的市场。如果你还是执意想入场，那么你再看看下面这段话。

不论是创业赚钱还是投资赚钱抑或上班赚钱，都有其适合的人群，不可能适合任何人。比如有人当老师、有人当公务员、有人当白领、有人当小商小贩，种种角色可以随便互换吗？不能！

股市就是一个拿钱换经验，拿经验换钱的场所。不论你承认与否，现实就是这样，太多的人在股市亏了个万八千的，有时候眼皮都不眨一下，但是去花几十元钱，买一本投资类书籍来学习却不愿意，这也是一个现实。

我有时候会感觉股市中的投资者非常奇怪。如果你没有学会开车，给你辆车，你绝对不敢到马路上去开；如果你不会炒菜，你绝对不敢去五星级饭店应聘厨师。

但是在股市你就敢，你就敢拿几万元、十几万元随便买卖，你想过没有？你凭什么能在这个只有 10% 的人赚钱的市场上赚到 1 倍或 10 倍？你凭什么认为自己可以轻轻松松地在资本市场上把别人兜里的钱赚走？你辛辛苦苦打工赚的钱，凭什么认为可以在资本市场舒舒服服、开开心心增值 10 倍？

有时候甚至你连这家公司是干什么的都不知道就随便买卖，你凭什么赚大钱？一分付出，一分回报，何况股市是十分付出才能有一分回报的市场！再强调一次：请不要轻易改行，不要轻易迈入这个没有硝烟的战场。

因为我在各大财经网站经常发表文章，同时在自己公众号也分享了很多股票投资方面的原创文章。所以，经常有亲朋好友或者投资朋友找我咨询相关股票，甚至想让我直接代替其操作账户，无一例外，我都会拒绝，为什么呢？

投资是逆人性的，逆人性就是在人家都卖出的时候，你要买入。逆人性就是在人家都疯狂追涨的时候，你要卖出。逆人性决定了需要和别人反着干，注定了会被骂和不被理解，甚至被说是神经病！逆人性也注定了这个市场不适合绝大部分人，股市没有股神，股市只有赢家和输家。

不论你是我情同手足的朋友还是素不相识的陌生人，我真心地说一句，一般不要踏入这个人性博弈的市场！如果你看到这后，还是执意要进入这个市场，并且还想在这个市场闯出一片属于自己的天地，那么你最好能够摸索出一条适合自己的稳健复利赚钱的道路来，并且知行合一地坚持下去。

股市到底是天堂还是地狱呢？其实，自己的命运都掌握在自己的手里，天堂与地狱往往在一念之间，你的选择最终决定了自己的结局。

第二节　知彼：正确认识股市的残酷性

我国股票市场是一个非常庞大的金融市场。我们进入这样一个市场，需要对市场了解。我们除了熟悉市场本身的规则外，更重要的是正确认识市场的残酷性。《繁花》中的爷叔说：纽约的帝国大厦晓得吧，从底下跑到屋顶，要一个钟头，从屋顶跳下来，只要 8.8 秒，这就是股市。想在股市上赚钱，先要学会输，这就是股市的残酷性。

其实，做投资的人都知道，股市有一个广为流传的法则，那就是"七亏二平一赢"。这个法则是指在股市中，七成的投资者是亏损的，二成的投资者是盈亏持平的，剩下的一成投资者是盈利的。这个法则已经注定了绝大部分散户的结局就是亏损，股市的残酷性由此可见一斑。

然而，现实情况比这法则更加残酷。咱们来看一个数据：上海证券交易所曾经做过一个统计，统计时间是 2016 年 1 月上证指数收盘 2737 点，到 2019 年 6 月上证指数收盘 2978 点。统计结果是非常扎心的，这个统计期间上证指数上涨 10%，然而所有被统计的普通散户不论资金量大小，总收益全部是亏损的，只有机构投资者和公司法人投资者账户实现了平均正收益。

统计结果如下。

散户资金规模在 10 万元以下的，总收益为-2457 元。

散户资金规模在 10 万元至 50 万元的，总收益为-6601 元。

散户资金规模在 50 万元至 300 万元的，总收益为-30443 元。

散户资金规模在 300 万元至 1000 万元的，总收益为-164503 元。

散户资金规模在 1000 万元以上的，总收益为-89890 元。

机构投资者的总收益为 13447655 元；公司法人投资者的总收益为 23440904 元。

统计数据显示，在这个统计期间散户总收益全部是亏损。也就是说，散户不论资金量大小全军覆没，而机构投资者和法人投资者的总收益都是盈利的。这统计数据证明了普通散户不论是资金、信息、投资能力就是不如机构和公司法人投资者。

这个统计数据还揭示了两个现象，一个现象就是不论散户还是机构、公司法人投资者，择时收益都是负数，这说明投资一般不要去择时。另一个现象就是 1000 万元以上的散户和机构、法人投资者的选股收益都是正数，这说明投资正收益主要来源于择股。

另一个数据是，2022 年普通股票型和偏股混合型基金收益中位数为−21%，2023 年普通股票型和偏股混合型基金收益中位数为−15.85%。这就是说，2022 年和 2023 年公募基金连续两年亏损，两年合计亏损的中位数为−34%。假设你在 2022 年初闭眼买入任意一只公募普通股票型和偏股混合型基金，那么大概率你会浮亏 30%～40%。

数据就是这么扎心，现实就是这么残酷，然而未来会更残酷。为什么呢？因为，现在宏观背景是全面注册制。全面注册制会带来两个新特性，一个是上市公司的数量会越来越多，上市的速度会越来越快，以前才几百家公司，最多的时候到了两千家，现在短短一两年过去达到了五千家，甚至不排除未来涨到六千家、八千家、一万家的可能。这个特性会造成选股的难度越来越大；另一个特性就是自从注册制实施之后，退市已经开启了加速度，退市的数量会越来越多，退市的速度也会越来越快，这个特性决定了个人选股踩雷的概率会越来越高。

我们普通散户都有一个习惯性思维，就是被套后卧倒装死，等待下一轮牛市来临后解套出局。

这是在以前没有实行注册制的情况下形成的习惯性思维，以前这种操作模式还算可行。然而，在全面注册制下，个股退市将是非常普遍又正常的一种现象。

前段时间，就有小伙伴后台留言说踩雷一只退市股，35万元归零了。这家公司从2020年2月上市，上市即巅峰，从此之后一路下跌，在2023年6月正式退市，从上市至退市一气呵成，非常流畅，只是"向下流畅"而已。真的替他惋惜，这35万元都是辛辛苦苦赚的血汗钱，就这样归零了。未来注册制下很多个股跌下去后，也许永远不能再涨回来了，甚至会退市归零，这才是投资中最恐怖的事。

通过上面的数据，我们可以简单地得出结论，股市真的是一个非常残酷的市场，不论入场的还是没有入场的都要对资本市场有一个清醒而正确的认识，七亏二平一赚的特性已经注定了绝大部分投资者的命运。真正的勇士，敢于直面残酷的股市，敢于正视淋漓的鲜血。真的勇士将更奋然而前行，既然你选择了入市，那么就加油吧，勇士！

第三节　知己：正确认识自己，准确定位自己

我们进入资本市场除了了解市场外，还需要正确地认识自己，给予自己准确的定位。股市最大的公平就是不设任何门槛，只要你有账户，买了股票就可以交易。但是股市也有最大的不公平，就是不分等级，业余的和专业的全在一起竞争。股市是唯一一个，可以把普通小散和世界级高手撮合在一块的地方，并且它的神奇

之处在于，普通小散总觉得自己可以赢。

我们普通散户没有资金优势，没有信息优势，没有投研优势，全面处于劣势。这种情况下，只有正确认知到自己的这些不足，准确给自己定位，才能寻找到适合自己的投资方法。

格雷厄姆曾教导巴菲特两条投资的定律：第一条，永远不要亏损；第二条，永远不要忘记第一条。这也是巴菲特从老师那里所学到的最重要的投资原则之一。其实，这两条定律的真正含义就是，在投资过程中，投资者最应该关注的不是赚钱，而是确保自己的本金安全。怎样才能确保自己的本金安全呢？只有去做大概率、高胜率赚钱的投资才可以。我们做投资最需要的就是确定性，但是个股最大的问题就是确定性低，而做指数投资最大的好处就是确定性相对较高。

指数基金第一个确定性就是不会退市且能够自动过滤掉垃圾公司，指数基金的第二个确定性就是大盘宽基指数长期趋势就是持续新高式上涨。低估区域大盘宽基的确定性就是还能涨回来，比如现在的沪深 300 指数，我们可以乐观地说未来沪深 300 指数再创历史新高将是确定性事件，只是时间不确定而已，也许 2 年，也许 3 年，也许 5 年，仅此而已。那么，现在的沪深 300 指数是不是底根本不重要，因为就算再跌 300 点也会涨回来，就像 2018 年上证跌到 2600 点如果抄底，后面会跌到 2449 点，但是很快指数就回到 3000 点以上了，不过是少赚了 200 点而已。

我不否认股市中其他的赚钱模式，不论哪种赚钱模式都会有适合的人群，但是能够适合绝大部分散户，且赚钱概率非常大、胜率又非常高的模式非指数投资莫属，它就是低估区域买入大盘宽基指数，做时间的朋友耐心持有，等待高估区域去止盈，做这种大周期的波段操作。

其实，股市就是认知的变现，你永远赚不到超出你认知范围外的钱。除非你靠运气！但是靠运气赚到的钱，最后往往又会靠实力亏掉，这是一种必然！你所赚的每一分钱，都是你对这个世界认知的变现。你所亏的每一分钱都是因为对这个世界认知有缺陷！这个世界最大的公平在于：当一个人的财富大于自己认知的时候，社会有100种方法收割你，直到你的认知和财富相匹配为止！

知彼知己，百战不殆，对于股市也同样适用！

第四节　知周期：万事万物皆周期

物竞天择、物极必反、合久必分、分久必合、万物轮回。

宇宙众生灵各有其生存之道，宇宙万物并育而不相害，道并行而不相悖，不同的道在宇宙中自由生长并演述其道，这些皆是自然之道。周期是自然之道的一种体现形式，周期是事物的客观规律，周期更是万事万物无法回避的过程。所谓"周期"，是指事物在发展变化过程中，某些特征重复出现，其连续两次出现所经过的时间，称为"周期"。世间万事万物皆有周期，几千年来，人类通过最朴素的观察已经在各种现象中发现了"周期"的存在。

宏观上，我们从自然现象中太阳的东升西落、月亮的阴晴圆缺、四季轮回、昼夜交替、潮起潮落和生物界的生老病死等总结归纳出周期的存在。微观上，具体到某事物或者某件事上则更是不胜枚举，从封建王朝兴衰轮回、经济活动的波动规律再到股市牛熊涨跌往复循环中，我们都可以看到周期的端倪。周期可以分为很多类型，我就自然周期、经济周期、股市周期这三种周期与大家做一个简单的分享。

（1）自然周期是我们最常见的一种周期，它就像我们每天的呼吸一样平常，甚至都会被我们忽略。比如，地球围绕着太阳公转，公转一圈就是一年，为此我们感受到了春夏秋冬；地球同时还在自转，自转一圈为一天，也就是 24 小时构成一个昼夜，这些都是自然周期现象。

（2）经济周期也称商业周期、景气循环，它是指经济运行中周期性出现的经济扩张与经济紧缩交替更迭、循环往复的一种现象。它是国民经济总体活动扩张与紧缩的交替或周期性波动变化。虽然经济周期不像自然周期那样有着严格的固定规律，但每个周期都有着大致相同的"萧条→复苏→繁荣→衰退"的过程。

（3）股市周期，股市作为经济的晴雨表，是宏观经济运行的反映和预期，理所当然也会有周期。太阳底下没有新鲜事，股市同样也没有新鲜事，因为股票代码的背后是公司，股票价格交易的背后是人性。正所谓万变不离其宗，无论股市如何涨跌，人性早已化作永恒，沉淀于股市最深的一隅，并伴随着历史不断循环往复。

可以说在股市里，股市周期正如同大自然四季的春夏秋冬一样在循环往复。因此，我们投资者就要像田野农夫一样，在股市中"春耕、夏锄、秋收、冬藏"，顺其自然才会有一个比较好的收获。

一、股市中的牛熊轮回周期

股市的牛熊轮回周期是指股票市场在一定时间内经历的价格波动周期，通常分为牛市和熊市两个阶段。牛市上涨阶段是指股市长期上涨的市场环境，通常伴随着经济扩张、企业盈利增长、投资者信心增强等积极因素；熊市下跌阶段是指股市长期下跌的市场环境，通常伴随着经济放缓、企业盈利下降、投资者信心减弱等消极因素。

中国股市自 1990 年开市以来，至今（2024 年）已跨入第 34 个年头，在这过去的 30 多年里，上证指数一共经历了六轮比较大的牛熊轮回周期。每一个轮回都是牛去熊来、熊去牛归，就像白天黑夜交替一样自然，如图 2-1 所示。

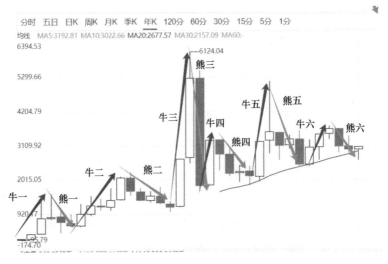

图 2-1　1990—2024 年上证指数年 K 线牛熊走势图

1．第一次牛熊轮回

牛一：从 1990 年 12 月最低的 95 点开始上涨，一路上涨至 1993 年 2 月最高的 1558 点，上涨了 26 个月，最大涨幅为 1540%。

熊一：从 1993 年 2 月最高的 1558 点开始下跌，一路下跌至 1994 年 7 月最低的 325 点，下跌了 17 个月，最大跌幅为 79%。

2．第二次牛熊轮回

牛二：从 1994 年 7 月最低的 325 点开始上涨，一路上涨至 2001 年 6 月最高的 2245 点，上涨了 83 个月，最大涨幅为 591%。

熊二：从 2001 年 6 月最高的 2245 点开始下跌，一路下跌至 2005 年 6 月最低的 998 点，下跌了 48 个月，最大跌幅为 56%。

3．第三次牛熊轮回

牛三：从 2005 年 6 月最低的 998 点开始上涨，一路上涨至 2007 年 10 月最高的 6124 点，上涨了 28 个月，最大涨幅为 514%。

熊三：从 2007 年 10 月最高的 6124 点开始下跌，一路下跌至 2008 年 10 月最低的 1664 点，下跌了 12 个月，最大跌幅为 73%。

4．第四次牛熊轮回

牛四：从 2008 年 10 月最低的 1664 点开始上涨，一路上涨至 2009 年 8 月最高的 3478 点，上涨了 10 个月，最大涨幅为 109%。

熊四：从 2009 年 8 月最高的 3478 点开始下跌，一路下跌至 2013 年 6 月最低的 1849 点，下跌了 46 个月，最大跌幅为 47%。

5．第五次牛熊轮回

牛五：从 2013 年 6 月最低的 1849 点开始上涨，一路上涨至

2015年6月最高的5178点，上涨了24个月，最大涨幅为180%。

熊五：从2015年6月最高的5178点开始下跌，一路下跌至2019年1月最低的2440点，下跌了43个月，最大跌幅为53%。

6. 第六次牛熊轮回

牛六：从2019年1月最低的2440点开始上涨，一路上涨至2021年2月最高的3731点，上涨了26个月，最大涨幅为53%。

熊六：从2021年2月最高的3731点开始下跌，一路下跌至2024年2月最低的2635点，下跌了36个月，最大跌幅为29%（暂定）。

根据上面这六轮比较大的牛熊轮回数据我们可以发现，股市的牛熊轮回周期每次都是熊去牛归，从来没有变。

我们可以大胆推断，第六轮牛熊轮回之后必然是第七轮牛熊轮回。可现实中，每次熊市来临总是会有很多投资者单纯地认为股市会一直熊下去，他们想当然地以为牛市永远不会归来了。其实，这是一种非常可怕的线性推断出来的结论。

我们可以发现：**牛市上涨幅度逐渐变小（因市场变大），牛市上涨时间还算稳定一般在2年左右；熊市下跌幅度一般都在50%左右（也就是腰斩），熊市下跌时间一般都在3年左右。**

我们可以发现：**熊三到熊四底部间隔了56个月，熊四到熊五底部间隔了77个月，熊五到熊六底部间隔了62个月，这就是说每一轮熊市底部间隔在5年左右。**

我们还可以发现：**牛四到牛五的顶部间隔了70个月，牛五到牛六的顶部间隔了69个月，这就是说每一轮牛市顶部间隔在5.5年左右。**

二、股市中的二八轮动周期

继续以上面六轮比较大的牛熊周期数据做进一步探讨，我们看看股市是否还存在二八轮动的周期（二是指大盘蓝筹股，八是指小盘题材股）。

1. 第一轮牛熊周期

股市刚刚成立，股票的数量非常少，所以上市公司行情会出现暴涨暴跌，可以说没有明显的板块轮动周期。

2. 第二轮牛熊周期

牛二刚开始在三大救市政策刺激下，所有股票全线暴涨，大盘指数一个月翻倍，两个月翻了两倍。随后开启长达两年的区间震荡行情，当时间来到1996年，股市开始以四川长虹和深发展等大盘蓝筹股为旗帜，高喊着价值投资口号，一路涨至1997年6月牛市，这一波是大盘蓝筹股的天下。接下来大盘蓝筹股休整，1999年"5·19"行情启动，以网络科技股为先锋的题材股接过上涨的大旗，本轮牛市后半场拉开序幕，一路上涨至2001年6月大盘见顶，这一波是垃圾题材股的天下。

接下来进入熊二下跌阶段，2003年11月至2004年3月大盘开启熊市大反弹，指数从1300点上涨至1783点强势反弹37%，该强反弹是以银行、钢铁、石化、汽车、电力五朵金花为噱头的蓝筹股炒作为主，似乎预示着下一轮的牛市将以大盘蓝筹股为主。

回顾这一轮牛市，是以大盘蓝筹股和小盘题材股轮动上涨为主的行情。

3. 第三轮牛熊周期

2005年的牛三属于超级大牛市，第一波上涨是以银行、地产、有色、煤炭、钢铁五朵金花为旗帜的大盘蓝筹股为主，这一波上涨直接把指数从1000点起步拉升到3000点。

在2007年春节后风格开始转换到题材股垃圾股，题材股从2007年初上涨至5月底，指数拉升1000点，随后迎来了著名的"5·30"大暴跌。经过2007年"5·30"暴跌后，在剩下的牛市里，很多题材股仅仅回到了暴跌前的高点，它们的牛市在"5·30"就算彻底结束。而接下来以中字头为主的大盘蓝筹股继续高举高打，一路高歌猛进，上涨至2007年10月的6124点见顶回落。

回顾这一轮牛市，和上一轮的牛市没什么不同，大盘股和题材股轮番上涨，两头大盘股，中间题材股，这轮牛市可以简称为大盘蓝筹股的牛市。

4. 第四轮牛熊周期

超级牛市迎来的超级熊市，在2008年10月见底1664点，开启牛四上涨行情。本轮上涨行情，开始是以"煤飞色舞"和家电下乡、汽车下乡为主线，中小板紧随其后共同上涨。中小综指从2008年10月28日的1959点起步，上涨到2010年11月11日的8017点结束，上涨时间两年，涨幅309%。这一轮牛四的上涨行情也可以称为熊三下跌的大反弹，中小板题材股的强势上涨，似乎预示下一轮的牛市将以小盘题材股为主。

5. 第五轮牛熊周期

牛五是 2015 年的小盘杠杆牛。确切地说,小盘题材股的牛市从 2013 年就已经启动了。2013 年初到 2014 年小盘题材股绝大多数已经开启了牛市(尤其是创业板指数更为明显,中小板指数稍差)。2015 年牛市第一波上涨是小盘题材股,第二波上涨才是大盘蓝筹股。2015 年春节后,小盘题材股发起第三波上涨,引领大盘指数冲顶 5178 点。随后杠杆牛市迎来"股灾式"熊市,在 2016 年 1 月大盘指数见底,再开启熊市的大反弹,大盘蓝筹核心资产大幅上涨,似乎预示下一轮的牛市将以大盘核心资产为主。

回顾这一轮牛市,是不是和 2007 年大盘蓝筹股牛市脉络一模一样?只是反过来了,无非是两头小盘题材股,中间是大盘蓝筹股而已。

6. 第六轮牛熊周期

牛六是核心资产的抱团牛。核心资产从 2015 年见底后提前步入了抱团上涨的牛市,一直上涨至 2021 年的 2 月泡沫破裂,核心资产见顶后小盘题材股继续上涨至 2021 年 12 月才正式见顶。

总结一下,1996—2000 年牛市两头是大盘蓝筹股、中间是小盘题材股;2005—2007 年牛市两头是大盘蓝筹股、中间是小盘题材股;2013—2015 年牛市两头是小盘题材股、中间是大盘蓝筹股;2019—2021 年牛市两头是小盘题材股、中间是大盘蓝筹股。总体来说,大盘蓝筹和小盘题材是轮动循环往复上涨的,背后的逻辑就是均值回归。未来的行情在全面注册制的大背景下,大概率股市会以大盘蓝筹核心资产为主,小盘题材为辅轮动上涨。

三、股市中的操作周期

股市如同人生，人生在某个阶段需要干那个阶段对应的事情。股市也是如此，有着异曲同工之妙（见图2-2）。

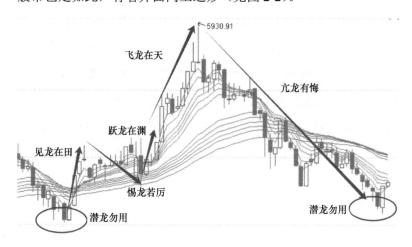

图 2-2 2018—2024 年沪深 300 指数月 K 线走势图

1. 第一个阶段：潜龙勿用

龙潜于渊，阳之深藏。在事物发展初期，尽管有发展的势头，但由于相对弱小，应该保持小心谨慎，不宜轻举妄动。用到人生方面，这个阶段就是我们 6～22 岁的学习阶段。我们在学校就要好好学习，积聚能量直至学业有成。这时候最好的策略就是蓄积力量，静观其变，等待时机，蓄势待发，你一定不要急于展露自己的锋芒。

用在股票操作上，这个阶段就是熊市底部震荡筑底阶段，此阶段右侧投资者不要随便买入，最好等到出现右侧入场信号再买。

这时，左侧投资者可以考虑逐步分批进场收集筹码。

2. 第二个阶段：见龙在田

龙已出现在田野之上，良机出现就要及时表现了。用到人生方面，这个阶段（22～30 岁）就是我们学业有成后开始踏入社会。这个阶段我们就可以尝试选择适当的时机展示自己的能力。只要你德才兼备又勤奋踏实能干，就会很容易遇到赏识重视你的伯乐。这时你犹如巨龙出现在大地上，准备显露头角，施展才华和抱负。

用在股票操作上，此阶段对应股市震荡筑底后开始逐步走牛市第一波上涨，此阶段部分个股或指数开始逐级上涨，你只需要仔细观察就可以寻找到未来行情的主线。这个阶段是右侧投资者开始入场的位置。

3. 第三个阶段：惕龙若厉

具体是指崭露头角之后，更应该整日自强不息，即使在夜晚也要小心谨慎如临危境，不能松懈，如此谨言慎行，每日反省，才不容易有过错。用在人生方面，这个阶段（30～40 岁）有的人展现了自己的才能后，便自以为了不起，容易招来小人，不知道临事而惧怕，以至于明明可以做成的事情，也会阴沟里翻船。并不是才能不足，而是小心谨慎的修养不够。所以，这个阶段应保持警觉和谨慎，防备可能出现的危险和挑战。

用在股票操作上，此阶段是指股市经过牛市第一波上涨之后的回踩阶段，也是左侧投资者最后一次上车的位置。

4. 第四个阶段：跃龙在渊

龙要么一跃而上，要么退于深渊，见机行事即可无咎。用在人生方面，此阶段人生到了40~50岁时，一般都是事业有成，这时是该决定是否再上一个台阶的时候，准备妥当，抓住机遇一跃而上青天，即是飞龙在天。若在环境不好的时候，可主动藏拙，不显山不露水，默默等待下一个时机。

用在股票操作上，此阶段是股市第一波上涨回踩完成后的第二波上涨，此时初步显现赚钱效应，场外资金开始入场。

5. 第五个阶段：飞龙在天

具体是形容人或事物处于非常强势的地位，无人能敌。用在人生方面，当我们经历了以上几个步骤，通过学习、实践，个人经历了磨难与提升之后来到了人生飞黄腾达之时（50~60岁），犹如巨龙飞腾于天，有所作为而大展雄才！此阶段不可人生得意须尽欢，要时时提醒自己，千万别骄亢，以免盛极则衰，而后悔莫及。

用在股票操作上，对应的是场外资金疯狂入市，股市在演绎最后的疯狂，行情往往在这种欢乐气氛中结束。

6. 第六个阶段：亢龙有悔

具体指居高位而不知谦退，则盛极而衰，不免有败亡之悔。用在人生方面，飞龙已经在天，要再往上飞是不可能的，只有下降。这说明一个人到了一定的高位也就必然要退下来，如果不顺势下来，反而会招惹灾祸，必然造成后悔。物极必反，这是自然发展规律，任何事物都难以跳出这个规律。

用在股票操作上，这个阶段就是熊市漫长的下跌阶段。涨久必跌、牛去熊来，当熊市漫长的下跌来临时，空仓远离股市为上上策。熊市主跌段，人人都以为股票已跌到地板价了，没承想地板下面有地下室，地下室下面有地狱，地狱还有十八层。此阶段不要随便操作，需要耐心等待时机出现。所以，此阶段投资者不要过早地去买入，只有等到投资者基本都绝望了，潜龙在渊阶段再次来临时，左侧投资者才可以考虑逐步分批进场。

股市投资一定要明白股市的操作周期，这是股市发展的规律，你只要明白了什么阶段用什么方法和对策，几乎就不会犯什么大错了。

四、股市中的情绪周期

常常有人说，爱会让人变得愚蠢，这是真的么？美国和荷兰学者组成的科研小组研究发现，在热恋期内，爱情的确会降低我们的认知能力。无论性别如何，热恋指数越高，认知能力就越差。这是因为热恋往往会遮蔽你的双眼，你会很容易把对方理想化，对他（她）的缺点视而不见。

其实，股市也是如此。正常人、有才华的人，甚至行业内的精英，往往会被股市的情绪周期蒙蔽双眼而变得失去理智。股市的情绪周期，也常被称为市场情绪周期或投资者情绪周期，是指股市中投资者情绪随市场波动而经历的一系列变化过程。我大体给股市情绪周期划分为下面七个区域。

1．疯狂区域

股市经过长期的上涨，这时候市场情绪沸腾疯狂至极，股市估值飙升至不合理的历史高位。市场上都是利好的新闻，基金需要配售才能申购成功，股民高唱"死了都不卖"，行情往往在这个区域见顶。

2．兴奋区域

股市经过一段时间的上涨，行情逐步进行到后半场，投资者也全部赚钱，情绪处于非常兴奋的区域。这个区域也是当股市见顶回落，绝大部分投资者认为市场行情没有走完，认为这时候的下跌是倒车接人时的区域。

3．乐观区域

股市从底部开始稳步上涨至大部分人不但解套而且还赚钱了，而前期抄底的投资者同样在赚钱，投资者开始对股市的前景感到乐观，市场上开始到处洋溢着赚钱效应。这个区域也是当股市见顶回落了一段时间后，有一部分投资者已经发现股市开始走熊，但大部分投资者还是认为市场行情没有走完，还是对市场非常乐观的区域。

4．观望区域

股市上涨至投资者刚刚开始解套，此时投资者在观望、纠结行情到底是反弹还是反转。这个区域也是当股市见顶后下跌了一大段时间，大部分投资已经被套，市场开始出现一些质疑声音，此时投资者开始纠结是见顶还是回调的区域。

5. 悲观区域

股市从底部逐步上涨了一段后，投资者还是不买账，依然对市场非常悲观。这个区域也是当股市见顶下跌了很久后，所有投资者已经知道牛已经远走，对市场开始悲观起来的区域。

6. 恐慌区域

股市从底部刚刚开始上涨，投资者对市场还是心有余悸，外面还是时不时地来个利空，整体对市场还是非常恐慌。这个区域也是当股市从顶部长时间跌下来且越跌越快、越跌越多时，绝大部分投资者像惊弓之鸟，对市场变得恐慌起来的区域。

7. 绝望区域

股市从顶部经过特别长时间的下跌且下跌空间巨大，指数腰斩、个股双腰斩比比皆是，虽然这时估值在历史底部区域，但市场极度冷清，基金无人问津，甚至经常发行失败。这时外面全部都是"鬼故事"和各种利空消息，某天股市突然开始加速下跌，市场上绝大部分投资者都在大骂市场，部分投资者开始割肉清仓逃离市场，甚至发誓以后再也不会进入股市了。这时候市场情绪彻底绝望，行情往往在这个区域见底。

我们通过对以上七个区域的解析可知，股市的情绪周期是循环往复的，市场情绪总是从绝望逐步走向疯狂，再从疯狂逐步走回到绝望。投资者应该正确认识到股市的情绪周期，并尝试在市场情绪极端时保持理性，避免随波逐流，从而做出更明智的投资决策。

股市还有一句至理名言：行情往往在绝望中产生，在犹豫中上涨，在疯狂中结束，只可惜投资者总是那么健忘……想要在股市中赚钱就需要和巴菲特一样，和股市情绪周期反着做：别人贪婪我恐惧，别人恐惧我贪婪。

芒格说：投资不容易，因为你看到的都是假象。有的人看到的是眼前的大跌及推倒重来，有的人看到的是大跌后牛市上涨。熊去牛来，牛去熊归，往复循环，人性使然。

老子说：道生一，一生二，二生三，三生万物。宇宙万物生生不息，这些都是自然之道。其实，周期就是自然之道的一种体现形式，周期更是万事万物无法回避的过程。

认识周期、了解周期，可以帮助我们在合适的阶段采取合适的行动，让我们的操作多了一个参考维度。当然，股市也有随机性，因为股市的涨跌不仅受宏观政策及经济等影响，还会受微观投资者羊群效应等因素的影响。投资者更要尊重常识、理性思考、实事求是，切不可盲目地刻舟求剑。

第五节　均值回归：股市中最贵的四个字

老子在《道德经》中讲道："天之道，损有余而补不足。"这里面说的就是自然界的均值回归的法则。当事物发展严重偏离其长期均值时，均值就像万有引力一样令其回归，所谓盛极必衰、否极泰来，而且这种现象还会周而复始。

霍华德·马克斯认为，一种事物处于周期性波动时，大部分时间不是高于均值，就是低于均值，最终在走到极端后，又会反转向均值的方向回归，通常它都会符合这样的规律。从处于周期的极端最高点或者极端最低点，回到中心点，这一过程被称为均值回归。

股市中的均值回归是指股票价格或市场指数在经历了一段时期的上涨或下跌后，最终都会以很高的概率回归到其基本面所决定的合理价值中枢的现象。在股市中，均值回归理论认为一种上涨或者下跌的趋势不管其延续的时间多长都不能永远持续下去，最终均值回归的规律一定会体现：涨得太多了，就会向基本面所决定的内在价值中枢移动下跌；跌得太多了，就会向基本面所决定的内在价值中枢移动上升（见图 2-3）。

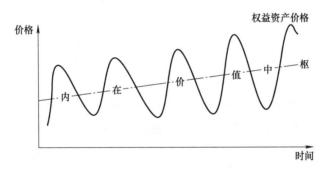

图 2-3　股价围绕内在价值做均值回归

这种现象的底层逻辑是，当股票价格或者市场指数涨幅过大，其价格远高于内在价值（这也意味着投资回报率会大幅下降），这时正在持有的投资者会逐步卖出，去寻找新的回报更丰厚的资产。当卖出的力量大于趋势投资者的买入力量时，走势就会反转向其内在价值方向回归。

反之，当股票价格或者市场指数跌幅过大，其内在价值远远高于市场价格的时候（这也意味着未来潜在回报率会很高），这时就会吸引越来越多的价值投资者来买入，当价值投资者的买入力量超越趋势投资者卖出的力量时，走势就会反转向其内在价值方向回归。这个底层逻辑决定了均值回归存在于股市的必然性。

历史总是在重演，但不是简单重复。回顾历史，中国股市30多年的牛熊轮回中多次上演了涨久必跌、跌久必涨的股市均值回归。

每当牛市来临的时候，总是有人断言，股市会涨到一个更高的点位，对均值回归不屑一顾，从而盲目地在顶部追涨。但事实一次次证明，股票（或指数）在高位之后，都会出现一轮狂跌，这些人最终会被市场狠狠地教训一番。在2007年上证指数估值暴涨至50倍，随后用暴跌的方式来迎接均值回归；2015年创业板指数估值暴涨至120多倍，随后用暴跌的方式来迎接均值回归；2021年核心资产指数估值暴涨至70多倍，随后用暴跌的方式来迎接均值回归。

每当熊市来临的时候，总是有人断言，股市一定会跌到一个更低的点位，对均值回归不屑一顾，从而盲目在底部杀跌。但事实一次次证明，股票（或指数）低位之后，都会有一轮暴涨，这些人最终再次被市场狠狠地教训一番。在2008年上证指数估值双腰斩暴跌至13倍，随后用暴涨来迎接均值回归；2019年创业板指数估值双腰斩跌至30倍，随后用暴涨来迎接均值回归。如果他们明白了均值回归，相信对股市会更理性一些。

在顶部区域，虽然体感风险低，但真实风险会非常高，这时一定要有如临深渊的谨慎，顶部出局其实就是主动踏空以防止被套的风险；在底部区域，虽然体感风险高，但真实风险会非常低，这时一定要有仰望星空的勇气，底部入场其实就是主动被套以防止踏空的风险。

从长周期的维度看，股市的均值回归是必然的，但均值回归的具体时间又存在很大的随机性。当我们真正地认识到均值回归的必然性和随机性，便更能在一轮又一轮周期循环中从容应对（见图 2-4）。

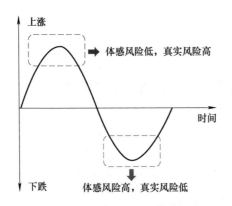

图 2-4　体感风险和真实风险下的均值回归

正如查理·芒格所言：当成功概率很高的时刻，下最大的赌注，其余时间按兵不动。我个人认为，普通投资者在股票价格远远低于内在价值时入场，随后耐心等待其价格远远高于内在价值时出场，赚取这种具有确定性的盈利是一种非常不错的投资方法。

如果有人问我，股市中最贵的四个字是什么？我一定会毫不犹豫地回答：**均值回归！**

第六节　股市赚钱的秘籍

在股海中的投资者，就如同海上的船只，时而乘风破浪，时而逆流而上，目标只有一个，就是赚钱。然而，股市如同变幻莫测的大海，充满了不确定性。在这样的环境中，投资者都希望能够发现一种简单而有效的股市赚钱秘籍。应该说，股市中赚钱的方法有无数种，抛开一切表象，揭开层层面纱，大道至简，返璞归真，回归投资本源，股市赚钱的秘籍可以简单地分为以下三种。

一、第一种股市赚钱秘籍：买了不卖

这种方法就是买入可持续、业绩稳健增长、分红率稳定的优质上市公司股票后永远不卖，我只赚取企业发展壮大净利润持续增长后分红的钱，年年吃分红永不卖出，至于二级市场上的股价不论怎样变动都与我无关。

假设你在 2001 年茅台股份上市第一天，以开盘价每股 24.51 元买入 1000 股，共投资了 24510 元。自此之后持有不动至今，由于历年的送转股和分红，你将获得以下收益。

2001 年 10 转 1 派 6 元，你的股本将变成 1100 股，收到分红600 元，这笔分红相对于初始投资收益率是 2.45%。

2002 年 10 送 1 派 2 元，你的股本将变成 1210 股，收到分红220 元，这笔分红相对于初始投资收益率是 0.90%。

2003 年 10 转 3 派 3 元，你的股本将变成 1573 股，收到分红

363 元，这笔分红相对于初始投资收益率是 1.48%。

2004 年 10 转 2 派 5 元，你的股本将变成 1888 股，收到分红 787 元，这笔分红相对于初始投资收益率是 3.21%。

2005 年 10 转 10 派 3 元，你的股本将变成 3776 股，收到分红 566 元，这笔分红相对于初始投资收益率是 2.31%。

2006 年 10 派 7 元，你的股本还是 3776 股，收到分红 2643 元，这笔分红相对于初始投资收益率是 10.78%。

2007 年 10 派 8.36 元，你的股本还是 3776 股，收到分红 3156 元，这笔分红相对于初始投资收益率是 12.88%。

2008 年 10 派 11.56 元，你的股本还是 3776 股，收到分红 4365 元，这笔分红相对于初始投资收益率是 17.81%。

2009 年 10 派 11.85 元，你的股本还是 3776 股，收到分红 4475 元，这笔分红相对于初始投资收益率是 18.26%。

2010 年 10 送 1 派 23 元，你的股本将变成 4153 股，收到分红 8685 元，这笔分红相对于初始投资收益率是 35.43%。

2011 年 10 派 39.97 元，你的股本还是 4153 股，收到分红 9552 元，这笔分红相对于初始投资收益率是 38.97%。

2012 年 10 派 64.19 元，你的股本还是 4153 股，收到分红 26658 元，这笔分红相对于初始投资收益率是 108.76%。

2013 年 10 送 1 派 43.74 元，你的股本将变成 4568 股，收到分红 18165 元，这笔分红相对于初始投资收益率是 74.11%。

2014 年 10 转 1 派 43.74 元，你的股本将变成 5024 股，收到分红 19980 元，这笔分红相对于初始投资收益率是 81.52%。

2015 年 10 派 61.71 元，你的股本还是 5024 股，收到分红 31003 元，这笔分红相对于初始投资收益率是 126.49%。

2016 年 10 派 67.87 元，你的股本还是 5024 股，收到分红 34098 元，这笔分红相对于初始投资收益率是 139.12%。

2017 年 10 派 110 元，你的股本还是 5024 股，收到分红 55264 元，这笔分红相对于初始投资收益率是 225.48%。

2018 年 10 派 145.4 元，你的股本还是 5024 股，收到分红 73049 元，这笔分红相对于初始投资收益率是 298.04%。

2019 年 10 派 170.3 元，你的股本还是 5024 股，收到分红 85559 元，这笔分红相对于初始投资收益率是 349.08%。

2020 年 10 派 192.9 元，你的股本还是 5024 股，收到分红 96913 元，这笔分红相对于初始投资收益率是 395.40%。

2021 年 10 派 216.8 元，你的股本还是 5024 股，收到分红 108920 元，这笔分红相对于初始投资收益率是 444.39%。

2022 年 10 派 219.1+259.11 元，你的股本还是 5024 股，收到分红 240248 元，这笔分红相对于初始投资收益率是 980.20%。

2023 年 10 派 191.06+308.76 元，你的股本还是 5024 股，收到分红 251109 元，这笔分红相对于初始投资收益率是 1024.52%。

自 2001 年贵州茅台上市买入至今 23 年，你最早买入的 1000 股现在变成了 5024 股，现在（2024 年 5 月 9 日）股价为 1756 元，你的账户市值是 882.21 万元，另外这 23 年累计收到分红为 107.64 万元。你最初投资了 2.45 万元，现在分红和账户市值合计约 990 万元，这 23 年你的投资收益是 400 多倍，关键是未来每年你收到的分红还在持续增长。这 23 年你只做了一个动作，就是在 2001 年茅台上市的第一天做了一个买入指令，随后的日子就是数钱，数钱数到手软。

这种买入不动吃分红的方法适合于公司业绩可预期、可持续、扣非利润稳健增长且分红率稳定的永续型的优秀上市公司，以消费行业和公共事业行业公司居多。

留个作业，小伙伴们，当你看到这里，你可以按照这种方式计算一下，如果伊利股份（或长江电力）上市第一天以开盘价买入 1000 股，持有不动到今天，你会收到多少分红？你的账户市值是多少？分红和市值合计是多少？你的这笔投资累计收益率是多少？

二、第二种股市赚钱秘籍：低买高卖

这就是在低位买入，到高位时卖出，赚取价格波动的差价。不论是因为买卖双方供需变化引起，还是公司内在价值增长引起，只要产生了差价，我们就可以低买高卖赚取利润。

回想一下我们所有赚钱的交易，是不是都采用了低买高卖的方法呢？所有赔钱的交易，是不是都不符合这一方法呢？我们甚至不需要翻看交易记录，仅凭简单的逻辑常识就知道：是的。

那么请思考：低买高卖这么简单的股市赚钱秘籍，为什么我们很多时候都做不到呢？**低买高卖四个字看似简单，却是股市盈利的第一性原理，是所有成功交易的核心。**然而，要真正做到这一点，却需要深入的理解和严谨的执行。

（1）我们需要明白低买的含义。在股市中，低买不仅仅是指价格的低廉，更是指在股票内在价值（或指数估值）被市场低估时进行买入。这就需要投资者具备敏锐的市场洞察力和扎实的基本面分析能力。我们要寻找那些因市场情绪波动、负面新闻影响或行业调整而被错杀的优质股票（或行业指数）。

不过这个时候，一般都是在大盘长时间的熊市下跌后，经济基本面下滑，媒体新闻报道大多是利空。这时股市冷冷清清、无人问津，股市大盘指数或个股才能出现远低于内在价值的低估机会。此时此刻才是绝佳的低买时机，可是这时你还敢买入吗？低了你不敢买，高了的时候你又拿什么去卖？

（2）高卖则是指在股票价格高于其内在价值时选择卖出。这同样需要投资者对企业的未来发展、行业趋势以及市场情绪有深刻的理解。高卖并不是简单地追涨杀跌，而是在股价已经反映了所有已知利好，甚至透支了未来增长预期时，适时地退出，锁定利润。

不过这个时候，一般都是在大盘长时间的牛市上涨后，经济基本面向好，媒体新闻报道大多是利好，往往坊间还会有很多对未来美好的宏大叙事。这时股市热热闹闹、人声鼎沸，大盘指数或者个股才能出现远高于内在价值的高估机会。此时此刻才是最佳的高卖时机，可是这时你想卖出吗？

历史上，有许多著名的股市投资者成功地实践了低买高卖的原则，他们通过独特的投资哲学和策略在股市中取得了巨大的成功。以下是一些知名投资者的实践案例。

巴菲特以其价值投资理念而闻名，他寻找那些被市场低估的优质公司，并在价格低于其内在价值时买入。巴菲特的典型做法是长期持有股票，直到公司的基本面发生根本性变化或市值过度高于其内在价值时才卖出。他的投资案例包括对可口可乐、美国运通和喜诗糖果等公司的长期投资。

格雷厄姆是巴菲特的老师，他的投资哲学强调安全边际，即在一家公司的市场价值远低于其清算价值或内在价值时买入。格雷厄姆通过分析公司的财务报表和市场表现，寻找价格低于其实际价值的股票，然后在市场认识到这些公司真正价值时卖出，从而实现低买高卖。

索罗斯是一位著名的对冲基金经理，以其宏观经济投资策略而闻名。索罗斯擅长利用市场波动和经济周期，通过买入被低估的资产和卖空被高估的资产来实现低买高卖。

约翰·邓普顿也是一位知名投资大师，他创立了邓普顿成长基金。邓普顿以其逆向投资策略而著称，他会在全球范围内寻找那些被市场忽视或不受欢迎的股票低位买入，然后在市场情绪转变时高位卖出。

这些投资大家虽然各有其独特的投资风格和策略，但他们共同的成功之处在于对市场的深刻理解，对公司价值的准确评估，以及在市场情绪波动中寻找低买高卖的机会。通过长期的研究、分析和耐心等待，他们能够在股市中实现持续的盈利。

总之，低买高卖是股市中最古老也是最简单的赚钱方法之一，这个方法简单到几乎人人都知道，但真正能够做到的人却寥寥无几。低买高卖看似简单，实则包含了对市场的深刻理解，对企业价值的准确判断，对时机的精准把握，以及对风险的有效控制。我们只有将这些要素融会贯通，才能在股海中乘风破浪，最终达到财富的彼岸。

三、第三种股市赚钱秘籍：高卖低买

这就是在股票价格或者指数估值远大于其内在价值的高估时刻融券卖出，等到股票价格或者指数估值远低于其内在价值的低估时刻买券还券。这种做法需要融资融券的门槛，同时还受制于券商的券源，一般不大适合普通投资者。

以上就是我个人总结的三种股市赚钱方法。**需要注意的是：所有股市赚钱方法都存在一定的风险且适合不同类型的投资者。**成功的投资不仅需要我们对市场有深入的理解，还需要良好的风险管理、耐心和纪律。此外，投资者应该根据自己的财务状况、投资目标和风险承受能力来选择最适合自己的投资方法。

第七节　股市最暴利的赚钱策略：戴维斯双击

上一节写了股市中的三种赚钱秘籍，其中最普通、最大众化的股市赚钱秘籍就是低买高卖，而把这一方法运用到炉火纯青地步的非戴维斯家族莫属。戴维斯家族传承三代而不见衰败，这是怎么做到的呢？**其中，最关键的一条就是戴维斯双击策略的贯彻和实施。**

戴维斯在 1950 年买入保险股时市盈率只有 4 倍，每股收益为

1 美元，10 年后保险股的市盈率已达到 20 倍，每股收益为 8 美元。
市盈率 10 年间从 4 到 20 为 5 倍，每股收益从 1 元到 8 元为 8 倍，
戴维斯就充分享受到了估值和净利润同时增长带来的乘数效应，
获得的收益是 5 × 8 ＝ 40 倍，而且在 10 年等待过程中还获得了可
观的股息收入。后来，人们就把这种估值和每股收益同时提升带
来的乘数效应称为戴维斯双击。

戴维斯双击策略是指在低市盈率（PE）和低盈利（EPS）时
买入股票（或指数），等待市场行情转暖后，享受市盈率（PE）提
升以及公司盈利（EPS）增长的双重倍乘收益。

因此，就得出戴维斯双击的核心公式：股价（P）＝ 市盈率
（PE）× 每股收益（EPS）。其实，投资中就两个重要的变量，一个
是估值，另一个就是业绩。投资赚钱要么赚估值提升的钱，要么
赚业绩增长的钱，或者这两者同时都赚。而戴维斯双击就是同时
赚了估值提升和业绩增长的钱，所以说戴维斯双击是股市最暴利
的赚钱法则。

我国股市上的超级牛市或者个股的暴涨行情多数都有戴维斯
双击的出现。

一、上证指数 2006—2007 年的戴维斯双击

2005 年全部 A 股上市公司归属母公司所有者净利润增速为
−5.6%，全年市盈率 PE（TTM）为 18.2 倍，年中上证指数最低跌
至 998 点。

2006 年全部 A 股上市公司归属母公司所有者净利润增速为

55%，全年市盈率 PE（TTM）为 36.8 倍。

2007 年全部 A 股上市公司归属母公司所有者净利润增速为 64%，全年市盈率 PE（TTM）为 47.2 倍，年底上证指数最高涨至 6124 点。

这一轮全面牛市行情指数估值从 18.2 倍 PE（TTM）提升至 47.2 倍 PE（TTM），估值提升至 2.5 倍，业绩增长至 2.4 倍，乘积就是 6 倍。上证指数从 998 点上涨到 6124 点，也约为 6 倍。可以说 2006—2007 年股市的全面超级大牛市行情就是标准的戴维斯双击过程（见图 2-5）。

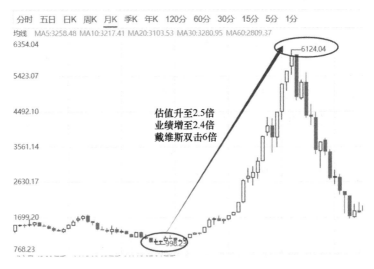

图 2-5　上证指数 2003—2008 年月 K 线图

二、创业板指数 2013—2015 年的戴维斯双击

2012 年创业板净利润增速为-8%，创业板指数创出 585 点的

新低，估值最低为 30 倍 PE。

2013 年创业板净利润增速为 11%，估值提升至 60 倍 PE。

2014 年创业板净利润增速为 25%，估值在 60 倍 PE 徘徊。

2015 年上半年创业板净利润增速为 30%，估值快速提升至 120 倍 PE。

这一轮创业板超级大牛市行情估值提升至 4 倍，业绩增长至 1.72 倍，乘积就是 6.9 倍。创业板指数正好从 585 点上涨至 4037 点，也正好是 6.9 倍左右。可以说，本轮创业板指数 2013—2015 年的超级大牛市也是标准的戴维斯双击过程（见图 2-6）。

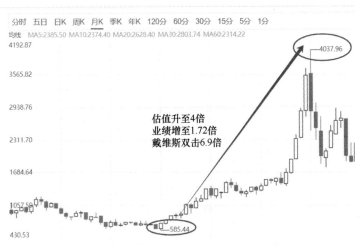

图 2-6　创业板指数 2010—2016 年月 K 线图

三、伊利股份 2008—2020 年的戴维斯双击

2008 年在"三聚氰胺事件"的冲击下，奶粉行业经历信任危机，相关行业的上市公司全线杀跌。伊利股份的股价当时从 38 元

高点一路下跌至 6.45 元的冰点，下跌了 83%，估值从 58 倍 PE 跌至负数，随后开启了戴维斯双击之路。

伊利股份在 2008 年到 2020 年这 13 年里，估值从最低的负数上涨至 2020 年的 40 倍 PE；业绩从 2009 年的 5.34 亿元增长至 2020 年的 66.25 亿元，业绩增长至 12.4 倍。伊利股份的股价从最低的前复权 1.01 元上涨至 2020 年底的 40.88 元，股价上涨了近 40 倍。可以说本轮伊利股份 2008—2020 年的持续上涨也是标准的戴维斯双击过程（见图 2-7）。

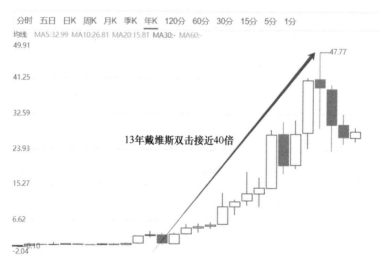

图 2-7　伊利股份 1996—2024 年年 K 线图

股市里还有很多这种戴维斯双击的例子，我就不一一列举了，大家可以打开股票软件自己去寻宝。通过上面几个简单的案例，我们可以发现戴维斯双击策略毋庸置疑就是股市赚钱最暴利的策略。问题来了，股市投资中怎样才能寻找到这种戴维斯双击的机会呢？

根据戴维斯双击核心公式：股价（P）= 市盈率（PE）× 每股收益（EPS），可以推导出另一个公式：市值 = 市盈率 × 净利润。

根据这个公式，我们可以这样理解，在股市中做戴维斯双击只需要在低市盈率的位置买入扣非净利润连续大幅增长的公司，然后做时间的朋友，耐心等待扣非净利润大幅增长和市盈率提升的乘积效应即可。什么样的公司才能具有扣非净利润连续增长的特征呢？其实公司想要扣非净利润持续增长无外乎营业收入增长、毛利率提升、费用率降低等几种方式。

营业收入持续增长，对应于提高产品的售价或扩大生产规模的扩量；毛利率提升，无非就是控制生产成本、提高劳动生产率、减少库存积压、优化产品结构等方式；费用率降低指减少销售费用、财务费用、管理费用、研发费用，这往往说明公司管理非常优秀。这三项只要有一项措施到位，就可能增加利润。三项同时具备的公司，才是最稳定、最良性持续增加净利润的好公司。

如果营业收入不增长，只提高毛利和控制成本，这样的利润增长是有天花板的。我们要找的就是那些营业收入连年增长，毛利率稳步提升，同时还能降低成本的好公司。

如果找到净利润持续增长的好公司，我们也不要急着买入。我们还要考虑买入的价格，再优秀的公司，如果买入成本过高，也难免要忍受长时间的去泡沫过程，我们需要等待一个低市盈率的时机才能买入。

什么时候才能出现净利润持续增长公司的低市盈率时机呢？

行业出现黑天鹅事件，使优秀的好公司被错杀，这时才会出现这种低市盈率买入净利润增长公司的好时机。

另一种情况就是，**在大熊市的末期，消息面大多都是利空的，情绪面悲观绝望，基本面下滑，这个时刻才会出现宽基指数和净利润持续增长公司的低市盈率时机。**这种机会一般很少，经常可遇不可求。有时候即使出现了这种好机会，大部分投资者也会因恐惧不敢买入。

最后，我们再简单说一下戴维斯双杀，所谓的戴维斯双杀是相对于戴维斯双击来讲的，也就是净利润增速下滑导致市盈率估值也下降，两个数值同时下降，从而导致股价得到两者相乘倍数的下跌。2021年核心资产泡沫破裂之后，就经历了杀估值和杀业绩的戴维斯双杀过程，核心资产出现腰斩和双腰斩的比比皆是。关于戴维斯双杀的案例不胜枚举，大家也可以自己寻找一下。

总结一下：**戴维斯双击它不仅仅是一种投资策略，更是一种对市场心理和企业价值的深刻洞察。**这一投资策略的核心在于寻找那些被市场低估的股票（或指数），并在市场情绪和公司基本面双重改善时获得超额回报。戴维斯双击策略是精心挑选买入被低估且具有成长潜力的股票（或指数），耐心等待并在市场情绪和基本面双重改善，在高估后果断卖出，从而在股市中获得暴利。然而，这一投资策略并不是没有风险的，投资者在追求高收益的同时，也必须准备好面对可能的风险和挑战。

第八节　抄底神器：双腰斩理论

风险都是涨出来，机会都是跌出来的。当一个不会退市的权益资产被连续爆炒产生超级泡沫后，一般都是用下跌的方式向下迎接均值回归。当其经过双腰斩后，有很大的概率会见历史性大底，随后该权益资产将会用上涨的方式再次向上迎接均值回归。

这个方法对黄金、白银、原油等商品的操作准确度极高，对宽基指数和行业指数准确度较高，对核心资产指标股准确度也还可以，对普通个股可以说无效。总体来说，双腰斩理论应用在我们的投资实践中还是具有一定的参考价值的。

黄金在1980年被连续爆炒出现超级泡沫后价格开始暴跌，黄金价格从最高的850美元/盎司开始下跌，第一次腰斩是425美元/盎司，双腰斩后将是212.5美元/盎司，实际上下跌的最低点是250美元/盎司，价格的最低点仅仅距离双腰斩的理论底部4.47%（37.5美元/盎司）。黄金价格见历史性大底后重新走牛，本轮黄金价格下跌见底符合双腰斩理论（见图2-8）。

白银在2011年被连续爆炒出现超级泡沫后价格开始暴跌，白银价格从最高的49.85美元/金衡盎司开始下跌，第一次腰斩是24.92美元/金衡盎司，双腰斩后将是12.46美元/金衡盎司，实际下跌的最低点是11.64美元/金衡盎司，价格的最低点仅仅跌穿双腰斩的理论底部1.65%（0.82美元/金衡盎司）。白银价格见历史性大底后重新走牛，本轮白银价格下跌见底符合双腰斩理论（见图2-9）。

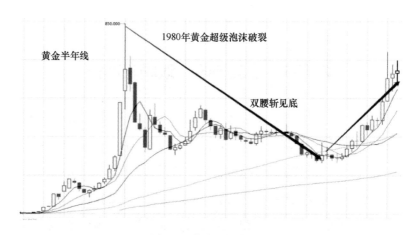

图 2-8　黄金双腰斩见底

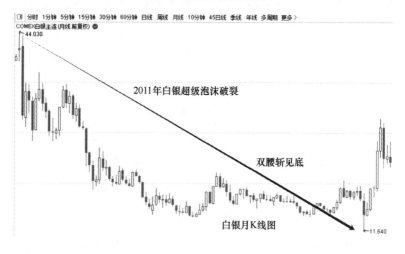

图 2-9　白银双腰斩见底

原油在 2008 年被连续爆炒出现超级泡沫后价格开始暴跌，原油价格从最高 147.27 美元/桶开始下跌，第一次腰斩是 73.64 美元/桶，双腰斩后将是 36.82 美元/桶，实际上下跌的最低点是 33.20 美元/桶，价格最低点仅仅跌穿双腰斩的理论底部 2.45%（3.62 美元/桶）。原油价格见历史性大底后重新走牛，本轮原油价格下跌见底符合双腰斩理论（见图2-10）。

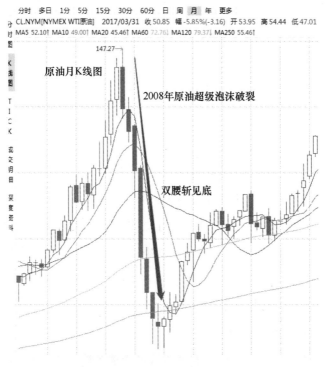

图 2-10　原油双腰斩见底（1）

　　原油价格在上次双腰斩见底后从 33.20 美元/桶，一路上涨至 2011 年的 115.27 美元/桶，随后再次泡沫破裂开始暴跌。第一次腰斩是 57.64 美元/桶，双腰斩后将是 28.82 美元/桶，实际上最低点跌至 26.05 美元/桶，价格最低点仅仅跌穿双腰斩的理论底部 2.40%（2.77 美元/桶）。原油价格见历史性大底后重新走牛，本轮原油价格下跌见底符合双腰斩理论（见图2-11）。

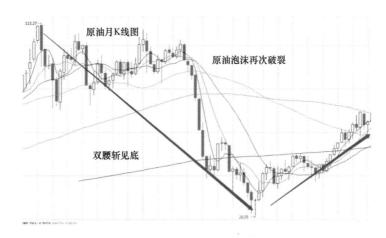

图 2-11　原油双腰斩见底（2）

纳斯达克指数在 2000 年互联网被连续爆炒出现超级泡沫后指数开始暴跌，纳斯达克指数从 5132 点开始暴跌，第一次腰斩是 2566 点，双腰斩后将是 1283 点，实际上指数下跌的最低点是 1108 点，指数最低点仅仅跌穿双腰斩的理论底部 3.4%（175 点）。纳斯达克指数见历史性大底后重新走牛，本轮纳斯达克指数下跌见底符合双腰斩理论（见图 2-12）。

上证指数在 2006 年大盘蓝筹股被连续爆炒出现超级泡沫后指数开始暴跌，上证指数从 6124 点开始暴跌，第一次腰斩是 3062 点，双腰斩后将是 1531 点，实际上指数下跌的最低点是 1664 点，指数最低点仅仅距离双腰斩的理论底部 2.17%（133 点）。上证指数见历史性大底后重新走牛，本轮上证指数下跌见底符合双腰斩理论（见图 2-13）。

创业板指数在 2015 年小盘股被连续爆炒出现超级泡沫后，指数开始暴跌，创业板指数从 4037 点开始暴跌，第一次腰斩是 2018.5

点，双腰斩后将是 1009.25 点，实际上指数下跌的最低点是 1184
点，指数最低点仅仅距离双腰斩的理论底部 4.33%（175 点）。创
业板指数见历史性大底后重新走牛，本轮创业板指数下跌见底符
合双腰斩理论（见图 2-14）。

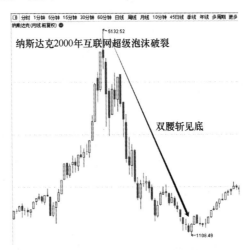

图 2-12　纳斯达克指数双腰斩见底

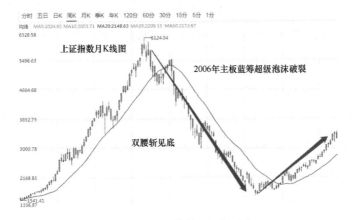

图 2-13　上证指数双腰斩见底

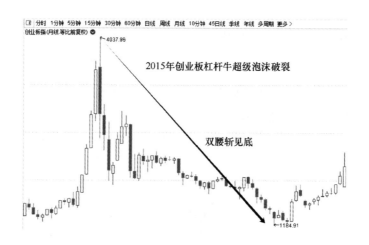

图 2-14 创业板指数双腰斩见底

恒生科技指数在 2021 年平台互联网公司被连续爆炒出现超级泡沫后，指数开始暴跌，恒生科技指数从 11001.78 点开始暴跌，第一次腰斩是 5500.89 点，双腰斩后将是 2750.45 点，实际上指数下跌的最低点是 2720.38 点，指数最低点仅仅跌穿双腰斩的理论底部 0.27%（30 点）。恒生科技指数见历史性大底后反身上涨至 4825 点，随后回踩开始区间箱体震荡，本轮恒生科技指数下跌见底符合双腰斩理论（见图 2-15）。

上边是双腰斩理论应用到境内外的宽基指数及贵金属、原油的案例，接下来我再分享双腰斩理论应用个股的案例。**我需要特别强调一下，双腰斩理论应用到个股的效果只对部分核心资产指标股有一定的参考价值。**双腰斩理论对核心资产之外的个股效果会非常差，因为核心资产之外的很多个股都是垃圾公司，这部分垃圾公司往往跌着跌着就退市了。

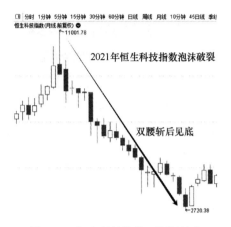

图 2-15　恒生科技指数双腰斩见底

特斯拉在 2021 被连续爆炒出现超级泡沫后股价开始暴跌，股价从最高的 414.50 美元开始暴跌，第一次腰斩是 207.25 美元，双腰斩后将是 103.63 美元，实际上股价下跌的最低点是 101.81 美元，股价最低点仅仅跌穿双腰斩理论底部 0.04%（1.82 美元）。特斯拉的股价见历史性大底后开始反转上涨，本轮特斯拉的下跌见底符合双腰斩理论（见图 2-16）。

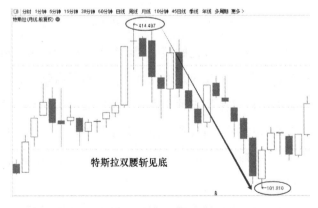

图 2-16　特斯拉双腰斩见底

腾讯控股在 2021 年被连续爆炒出现超级泡沫后价格开始暴跌，股价从最高 709.6 港元开始暴跌，第一次腰斩是 354.8 港元，双腰斩后将是 177.4 港元，实际上股价下跌的最低点是 188.6 港元，股价最低点仅仅距离双腰斩的理论底部 1.58%（11.2 港元）。腾讯控股的股价见历史性大底后开始反身上涨至 413 港元，随后回踩开始区间箱体震荡，本轮腾讯控股的下跌见底符合双腰斩理论（见图 2-17）。

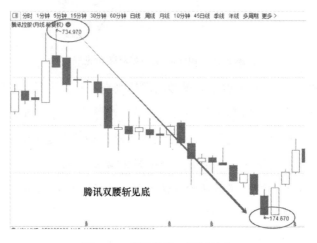

图 2-17　腾讯控股双腰斩见底

总结一下，双腰斩理论的核心观点就是：**一个不会退市的权益资产被连续爆炒产生超级泡沫后破裂，经过双腰斩式暴跌，此时此刻有很高的概率是历史性大底。**但是需要强调的是：这个理论应用于黄金、原油、白银等商品准确度极高，应用于宽基指数和行业指数准确度较高，应用于核心资产指标股准确度也还可以，应用于普通个股上往往无效。

谨记，这一理论并非铁律，市场的每一次波动都有其独特的

背景和原因。投资者在应用双腰斩理论时，不能忽视对公司基本面的分析，也不能忽视宏观经济、行业趋势、政策环境等外部因素的影响。此外，投资者还需要结合自身的风险承受能力和投资目标，做出合理的投资决策。

最后再次强调一下，虽然从历史回测数据来看，最近这几年双腰斩理论对部分权益资产的操作来说准确度很高。但是，站在统计学的角度上来看，任何理论、指标分析都无法做到绝对正确。不排除该理论在接下来的日子里会无效，但无论如何，双腰斩理论还是一条能帮助我们省时省力摸清市场走势的重要参考依据。在实际操作中，投资者应结合全面的市场分析和自身的投资策略，审慎决策，以实现资产的稳健增长。

第九节　逆向投资：决胜千里之外

巴菲特说：我与其他人不同，在别人贪婪的时候，我恐惧；在别人恐惧的时候，我贪婪。约翰·邓普顿说：大众沮丧抛售时买进，大众兴奋买进时抛售，两者都需要最大的勇气，但带来最大的收益。霍华德·马克斯说：投资成功的关键在于逆势而行，那些意识到他人错误的人，可以通过逆向投资而获利丰厚。

这些投资大家的股市至理名言都共同指向了逆向投资策略。他们的逆向投资策略通常涉及在市场普遍悲观时买入，而在市场过度乐观时卖出，从而实现了超越市场平均水平的长期投资回报。

逆向投资策略又称为逆向投资，它要求投资者在无人问津之时买入价格大幅低于其内在价值的股票（或指数），在人声鼎沸之际卖出价格大幅高于其内在价值的股票（或指数）。这种策略的核心在于投资者对企业（或指数）内在价值的深刻认知和对市场情绪的逆向思考并逆向投资。

一、逆向投资要对企业（或指数）内在价值有深刻认知

企业的内在价值是企业自身所具有的价值，它是一种客观存在，是由企业内在的品质所决定的，在股市中一般是指一家企业在其余下的寿命之中可以产生的现金的折现值。逆向投资需要对内在价值和交易价格进行比较，判断其是否被高估或低估，从而做出买卖的决策。

买股票（或指数）之前最好先问问自己，下跌后敢加仓吗？如果不敢，最好一开始就别买，因为价格的波动是不可避免的。涨的时候肯定让你豪情万丈，跌的时候也会让你肝肠寸断。这种情况下先不买也罢，因为你还没有研究透，你还不知道其真正的内在价值是多少。但是，如果你研究透彻，知道它的内在价值，下跌时你心里一点也不慌，甚至希望它多跌一点好让你加仓。这说明你对该股票（或指数）已足够了解，对其内在的价值和未来前景，有比市场更为精准的把握，因此市场价格的波动已经不会影响到你的情绪了。对这种股票（或指数）而言，下跌只是提供一个更好的买点罢了，其实买之后的淡定，源自买之前的分析。

二、逆向投资还要有超强的逆向思维能力

逆向思维能力也就是霍华德·马克斯所说的第二层次思维能

力，这个第二层次思维也和查理·芒格所言的"反着想，我总是反着想"有着异曲同工之妙。第一层次思维单纯而肤浅，逆向思维（第二层次思维）深邃、复杂而迂回。

2008 年伊利股份在"三聚氰胺事件"利空影响下股价大幅暴跌，股价已经大幅低于其内在价值。第一层次思维会说，奶粉行业出现严重的信任危机，一定会严重影响销售收入，伊利股份的利润一定会大幅下降，此时此刻应该割肉卖出。而逆向思维则会说，正是这些利空事件影响才导致股价暴跌，现在已经跌得面目全非的价格已经充分体现了悲观的预期，未来行业回暖时，作为乳业行业龙头的伊利股份一定会大幅增加市场份额从而更加受益，此时此刻正是抄底的好时机。

再比如，2007 年超级大牛市，当上证指数上涨至 6000 点时，指数估值已经被大幅度高估。第一层次思维会说，经济持续向好，上市公司业绩快速增长，牛市会继续，指数会大涨站上 10000 点，此时此刻应该大胆买入。逆向思维则会说，正是因为经济快速增长，股市才迎来了暴涨，但是暴涨已经充分体现了经济向好的预期，经济过热未来一定会遭遇调控，指数大幅度的高估未来一定会承压，此时此刻正是卖出的好时机。

再比如，2024 年初的股市，当上证指数跌至 2600 多点时，指数估值已经被大幅度低估。第一层次思维会说，人口负增长、地方债务、房地产问题，经济已经没有了未来，熊市会继续，指数会跌破 2000 点，甚至推倒重来，此时此刻应该割肉卖出。逆向思维则会说，正是因为这些所谓的利空，股市才迎来了三年的下跌，但是下跌空间和下跌幅度已经充分体现了这些利空的预期，未来地产一定还会企稳，经济也会稳住并向好，指数一定能够从大幅度的低估回归合理，此时此刻正是买入的好时机。

三、逆向投资还要有强大的心理素质和知行合一的执行力

逆向投资不是简单粗暴与市场相反，而是在面对市场的喧嚣和波动时能够坚持独立理性思考，保持冷静和理性，寻找那些被市场忽视的投资机会。正如邱国鹭所言：众人夺路而逃时，不挡路、不跟随。不挡路，是因为不想被踩死，不跟随是因为乌合之众往往跑错方向。不如作壁上观，等众人作鸟兽散后，捡些他们抛弃掉落的金银细软。看这慌不择路的样子，这一次不需要等太久。

逆向投资也是一种知易行难，但潜在回报很高的投资策略。它要求投资者具备对市场周期、均值回归、市场情绪的深厚理解和坚定的价值投资理念，以及严格的风险管理能力。同时，它也需要投资者具有坚定的信念和冷静的头脑，能够在市场的极端情绪中保持理性。逆向投资者通过深入分析和耐心等待，往往能在市场中获得先机，实现财富的增长，正如古代兵法所言；运筹帷幄之中，决胜千里之外。

第十节　ROE：股市投资最重要的指标

巴菲特说：如果非让我选择一个指标进行选股，我会选择ROE（净资产收益率），那些ROE常年维持在20%以上的公司大概率是

好公司。

ROE 一般指净资产收益率，又称股东权益收益率，是公司净利润与平均股东权益之比，是公司税后利润除以净资产得到的百分比，该指标反映股东权益的收益水平，用以衡量公司运用自有资本的效率。ROE 指标值越高，说明投资带来的收益越高。计算公式为：

ROE = 净利润/所有者权益或净资产

= （净利润/总资产）×（总资产/净资产）

= （净利润/销售收入）×（销售收入/总资产）×

（总资产/净资产）

= 销售净利润率 × 资产周转率 × 权益乘数

通过这个公式，我们可以发现影响 ROE 的因素主要是销售净利润率、资产周转率和权益乘数。

销售净利润率是衡量公司销售收入效率的财务指标，表示为净利润占销售收入的比例。该指标反映每一元销售收入带来的净利润是多少，与净利润成正比，与销售收入成反比，企业在增加销售收入的同时，必须相应地获得更多净利润，以维持或提高销售净利润率。

资产周转率也称为总资产周转率，是反映企业资产使用效率的一个财务比率。它衡量的是企业在一定时期内（通常为一年）营业收入与平均总资产之间的关系。资产周转率越高，说明企业利用其资产产生销售收入的能力越强，资产的使用效率也就越高。

权益乘数是一家公司的总资产和净资产（或股东权益）之间

的比率。具体来说，权益乘数反映了企业财务杠杆的大小，即资产总额是股东权益总额的多少倍。

举个例子来看一下，这三个因素是怎么影响公司 ROE 的。

假设我在某商业街用自有资金 100 万元开了一家快餐店，一年后快餐店营业收入为 200 万元，净利润为 20 万元，那么这一年快餐店的 ROE＝20/100＝20％，销售净利润率＝20/200＝10％，权益乘数就是＝100/100＝1。

某天晚上我拖着疲倦的身体回到家，心理盘算着 20％的净资产收益率有点低，能不能想办法提高一下呢？这时我想到了四种方法。

（1）提高收入。我的明星亲戚正好回老家，我邀请到快餐店做客，并且只要来快餐店吃快餐的都可以和明星亲戚免费合影，虽然提高了销售价格，也没能阻挡住门外排起了长长队伍的消费者，这样轻松提升了快餐店收入，从而提高了销售净利润率。

（2）降低成本。采用降低房租、降低采购成本、减少员工等措施，销售净利润率也能随之提升。

（3）加强综合管理能力，卖出快餐的翻台速度变快，资产周转变快，销售收入快速增加。

（4）加大杠杆。由于生意火爆，于是向银行申请了 100 万元贷款，用于扩大店面，以获得更多的客流量和收入，并且成功打败了附近的很多快餐店，收入大幅度增加。

以上四种方法，前两种方法提高了销售净利润率，第三种提升了资产周转率，第四种加大了权益乘数，这四种方法全部能够提升 ROE。根据以上的这些影响因素，可以简单地把高 ROE 区分为三种模式：高销售净利润率模式、高周转模式、高杠杆模式。

（1）高销售净利润率模式。这种模式以贵州茅台为代表。贵州茅台的销售净利润率常年维持在 50% 左右，正是这种高销售净利润率带来了贵州茅台 30% 左右的高 ROE（净资产收益率）。贵州茅台的高净利润率的原因是多方面的，包括其强大的品牌价值、独特的生产工艺、高端市场定位、稳定的市场需求、有效的成本控制、地域优势以及投资和收藏价值等。这些因素的共同作用，使得茅台能够在竞争激烈的白酒市场中保持领先地位，并实现高净利润率。这种模式的公司是我们做投资梦寐以求的好公司，遇到了就不要轻易放过。

（2）高周转模式。这种模式在贸易类、零售业、快速消费品行业等领域尤为常见，其中成功的企业如沃尔玛、亚马逊等都是高周转模式的典型代表。这类公司通过快速的销售周转、高效的运营管理、规模经济、强大的品牌和市场份额以及有效的资本管理，能够在较低的利润率下实现较高的 ROE。这种模式国内做成功的上市公司非常少，即使遇到了也要慎重投资。

（3）高杠杆模式。这种模式一般在房地产、金融服务和一些制造业中较为常见。成功的高杠杆公司能够有效地管理其财务风险，同时利用市场机会来实现增长。然而，这种模式也要求公司具备强大的财务管理能力和对市场变化的敏锐洞察力，以确保在不同经济环境下都能保持稳健的财务状况。但这种模式如果销售环节出现问题，非常容易出现灭顶之灾，上高杠杆后破产的房地产公司比比皆是。这种模式存在着非常大的不确定性，我们做投资还是尽量远离这种类型的公司为上策。

我们如何在实际投资中运用 ROE 这个指标呢？

首先，财务指标是用来排除企业的，因为上市公司现在太多太多了，我们可以设置 ROE 低于 20%的一律不看。

其次，ROE 大于 20%的公司，我们要再深入分析看看到底是哪一种模式的高 ROE，优先选择高销售净利润率模式的高 ROE 公司。

最后，ROE 仅仅是一个财务指标，这个指标不是万能的。在实际投资中，投资者应该综合考虑目标公司的 ROE 的水平、其他财务指标、商业模式、竞争格局、行业对比、风险因素等，以做出明智的投资决策。

第三章

股票投资方法与
实践应用

第一节　股票的底层逻辑

何为宇宙？宇宙是指包含所有存在的物理现象、物质、能量、空间和时间等的无限大的整体。宇宙涵盖了我们能够观测到的部分（即"可观测宇宙"），比如银河系、河外星系、星系团、总星系等，以及可能存在的其他部分。其中，银河系又包括太阳系、恒星、星团、星云以及各种类型的星际气体和星际尘埃。

太阳系又包括太阳、行星（地球、金星、木星、水星、火星、土星、天王星、海王星等）、矮行星、小行星、彗星、卫星、流星体、星际尘埃和气体等。地球又包括地球自身物质、大气层、水圈、生物圈（人、动物、植物等）、冰冻圈、地磁场等。人类又仅仅是地球生物圈中的一类，个人又仅仅是人类中的一员，每个人每时每刻都在处理事情，而股市仅仅是个人处理事情的一小部分而已。

何为宇宙？用我们自己的话就是：其大无外，其小无内。大到没有外面，够大的了吧；小到没有里面，够小的了吧。

我再把上面的顺序倒过去就是这样的：股市仅仅是生活的一小部分而已，人其实是自然界的一小部分而已。地球仅仅是太阳系的一小部分而已，太阳系又是银河系的一小部分而已，银河系之外又有河外星系、星系团、总星系等。宇宙无穷无尽，开动你的脑筋使劲地想，能想多远算多远……

宇宙万物又非常奇妙，数不尽的天体有着自己的运行轨道，每个天体自转的同时又公转，且运行有序。再回到地球，地球上生物有着无数种，你说它们到底是怎么来的？到底是先有鸡还是先有蛋？到底是先有公鸡还是先有母鸡？谁能知道？阴中有阳，阳中有阴，阴极生阳，阳极生阴，阴阳相生，这就是宇宙，这就是自然之道。

顺应自然之道，必然会受到自然的恩赐；违背自然之道，必然会受到自然惩罚。大到宇宙，小到蚂蚁身体内部，都会有自己的运行规律，这都是自然之道。那么股市自然也会有自己的运行规律，股市中的单只股票也会有自己的自然之道。外在干涉，或内部野蛮操纵，都没法改变股市的自然之道。

股市中股票的自然之道就是上市公司的内在价值最终会指引股票价格，或者说股票价格自始至终必然会围绕着公司的内在价值波动。比如曾经的大牛股苏宁电器，其公司的内在价值曾连续4 年 100%复合增长，从而指引着二级市场上公司股价无视牛熊4 年上涨近 40 倍（见图 3-1）。

再比如，曾经的抽油烟机行业的龙头代表老板电器，其公司内在价值曾连续 7 年 40%复合增长，从而指引着其公司股价无视牛熊 7 年上涨 11 倍（见图 3-2）。

何为股票？股票是一种有价证券，是股份公司在筹集资本时向出资人发行的股份凭证，代表着其持有者（即股东）对股份公司的所有权，购买股票也是购买企业生意的一部分，即可和企业共同成长发展。

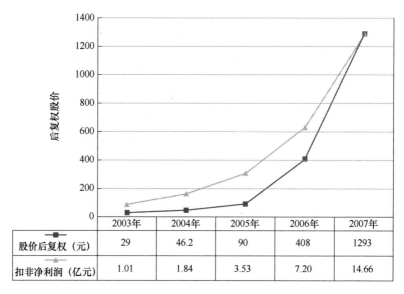

	2003年	2004年	2005年	2006年	2007年
股价后复权（元）	29	46.2	90	408	1293
扣非净利润（亿元）	1.01	1.84	3.53	7.20	14.66

图 3-1 苏宁电器连续成倍增长

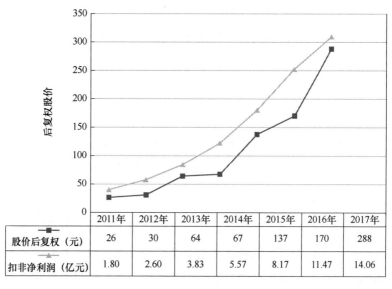

	2011年	2012年	2013年	2014年	2015年	2016年	2017年
股价后复权（元）	26	30	64	67	137	170	288
扣非净利润（亿元）	1.80	2.60	3.83	5.57	8.17	11.47	14.06

图 3-2 老板电器连续 40%增长

股票主要包括两个部分，一个是二级市场的交易价格，另一个是公司的内在价值。股票的短期价格由二级市场的资金面供求关系决定，而股票的长期价格由其内在价值决定。

股票的短期价格的核心影响因素就是资金面供求关系，短期内如果买方的资金大于卖方的资金，那么股票价格会上涨，这其实就是利用资金优势单纯炒作、拔高估值而已。股票长期价格由上市公司的内在价值决定，而上市公司的内在价值有两个重要的影响因素：**一个是公司现在的价值，另一个是公司的未来成长性。**

公司现在的价值是已经发生的，是过去时，简单粗暴用净资产来表示也未尝不可。公司的未来成长性才是重点，而未来成长性又有两个影响因素：**一个是市场供给，另一个是市场需求。**市场供给，涉及自己公司和同行的竞争伙伴，自己公司就是扩大产能和降低成本这两个方面，如果能够同时降本增产为最优。市场需求，又包括自己公司对行业的占有率和整体行业增长两方面，同时行业需求大幅增加和自身市占率快速上升为最优。

看到这里你会发现，影响股票长期价格的一个核心因素就是需求。所以，我个人认为研究股票的最核心的一个因素是研究上市公司的主营产品的需求是否会快速增加，或临时性需求大幅增加。

总结一下：透过现象看本质，股票的自然之道就是上市公司的内在价值最终会指引股票价格，或者说股票价格自始至终必然会围绕着公司的内在价值波动。

第二节　寻找好股票的三种分析方法

何为好股票？简单来说，内在价值能够长期、持续、稳定增长的股票就是好股票。

目前，A 股共有 5000 多只股票，在这么多的股票中，我们又怎样才能寻找到内在价值长期持续稳定增长的好股票呢？应该说，在股市中寻找好股票是一个系统性的复杂过程，涉及多个步骤和分析方法，比如行业分析、投资逻辑分析、基本面分析等，以下是寻找好股票的一些简单步骤。

一、行业分析

一种方式是自上而下研究我国的宏观产业政策的发展规划，选择政策支持、具有增长潜力的行业或稳定的好行业，再从所选行业内寻找龙头公司或者具有业绩快速增长潜力的公司。

（1）行业特性。股市中的各个行业具有不同的特性，这些特性受到行业发展阶段、市场需求、技术进步、政策环境等多种因素的影响。

消费行业属于非周期行业，随着我国国民经济收入总体的持续提升，总体需求稳定增长，消费行业受经济周期影响相对较小。行业内公司往往追求差异化和品牌建设，品牌价值和消费者忠诚度对公司业绩有重要影响。A 股的消费行业一直是一个长牛赛道，各个细分行业经常跑出大牛股，该行业是投资者需要重点关注的行业。

　　医药行业也属于非周期行业，随着我们人口老龄化和健康意识提高的推动，需求持续增长。行业内公司受益于专利保护和监管壁垒，门槛较高，研发投入大，新药和医疗技术的开发对业绩加持至关重要。A 股的医药行业也一直是一个牛股辈出的长牛赛道，这也是投资者需要重点关注的行业。

　　公用事业行业也属于非周期行业，行业内上市公司主要提供基本的公共服务，如电力、水务等，需求相对稳定。行业内公司通常具有垄断性质，受政府监管和定价政策的影响，往往具有稳定的现金流和较低的风险。该行业适合低风险投资配置，或者在大行情不好的时候做防御品种来配置。

　　科技行业属于周期行业，通常在行业上升期具有高成长性，但也伴随着高波动性。技术进步和创新是推动股价上涨的关键因素。行业内竞争激烈，容易出现颠覆性创新和市场领导者的更迭。投资该行业对于投资者的能力要求极高，普通投资者不易把握。

　　金融行业属于周期行业，受宏观经济环境和货币政策的影响较大。行业内公司通常具有较高的杠杆率，对利率变动敏感。该行业适合大资金做底层资产配置，普通投资者可用于行情不好时的防御配置。

　　房地产行业属于周期行业，受宏观经济、人口增长和城市化进程的影响。行业内公司资产重，对融资环境和政策调控敏感。在房地产总量见顶、房住不炒政策的大背景下，该行业投资机会极少，普通投资者极难把握。

　　能源及工业基础材料行业属于周期行业，与全球经济活动和能源价格密切相关，受经济周期影响较大。行业内公司往往资本密集，对投资和成本控制要求高。产品价格和原材料成本是影响公司盈利能力的关键因素。行业内公司往往面临激烈的价格竞争和供需变化的挑战。该行业对投资者的能力要求同样非常高，普通投资者不好把握。

周期行业的绝大部分公司业绩往往忽上忽下，普通投资者很难把握，而非周期行业的龙头公司业绩基本能够长期持续且比较稳定地增长，我们做投资时应重点寻找非周期行业内龙头上市公司。

另一种方式是，自下而上从要研究的标的公司出发，逐步扩展到行业和宏观经济层面的分析方法。这种方法首先聚焦于公司的基本面分析，然后再分析公司所处行业的发展阶段、增长趋势、竞争格局等，以识别标的公司的行业是否是一个好行业。

一般情况下，我都是采用第一种自上而下的方法去寻找好公司。偶尔也会使用第二种自下而上的方法，比如使用条件（假设ROE 大于 20%）选股或者别人分享的个股时。选择方法因人而异，适合自己就行。

（2）行业的竞争格局，可以使用波特五力模型来分析行业竞争状态格局。这个模型是由迈克尔·波特在 20 世纪 80 年代初提出的，它帮助企业战略制定者分析其所处行业的竞争环境。波特五力模型包括供应商的议价能力、购买者的议价能力、潜在竞争者的进入能力、替代品的替代能力和行业内现有竞争者的竞争能力。这五种力量的不同组合和变化，最终会影响行业的利润潜力。通过分析这些因素，企业可以更好地理解其市场环境，并据此制定有效的竞争战略。通过波特五力分析模型分析，投资者可以评估行业竞争格局，以利于更好地做出投资选择。

总之，我们做投资要尽量选择非周期性行业、行业竞争格局良好的行业，从而提高投资的胜率。

二、投资逻辑分析

股市的投资逻辑是指投资者在选择股票和构建投资组合时所依据的基本原则和策略。我们做投资必须要有一个全面的股市投资逻辑框架，才能更好地理解市场动态，识别投资机会，并制订相应的投资策略。具体到个股投资时，也应该具有一个清晰的投资逻辑做支撑。

比如，我对股市的投资逻辑就是基于周期和均值回归，以及利用人性而形成的价值投资。所以，我总是寻找那些被市场低估的公司或者指数，在其低估区域分批买入，做时间的朋友耐心持有，等待均值回归的出现，等到高估区域到来后去止盈，去做这种大周期的波段。

三、基本面分析

基本面分析是指通过分析公司的商业模式、核心竞争力、财务状况，以及公司的综合管理能力等因素对股票进行判断。

（1）商业模式。用最直白的话来说，商业模式就是公司通过什么途径或方式来赚钱的。比如贵州茅台是通过卖白酒来赚钱，高速公路是通过收高速费赚钱等。投资者做基本面分析，首先要搞清楚该公司是怎么赚钱的，公司提供什么产品或服务、谁是公司的顾客、谁是公司上游、怎么获得收入等。做投资需要优选商业模式好的，能够轻松赚钱的公司。比如白酒行业赚钱都相对轻松，而纺织、建材等行业赚钱就相对困难。

（2）核心竞争力。核心竞争力是指能够为企业带来比较竞争优势的资源，以及资源的配置与整合方式，其实就是企业领先的综合能力。核心竞争力优势让企业保持持续运作能力，并且能为投资者创造更多的投资收益。我们做投资，要寻找核心竞争力强大的上市公司去投资。比如，贵州茅台就是一家核心竞争力非常强大的公司。一是它的产品有独一无二的品质，二是它的产品供不应求，三是它拥有提价权，四是它的品牌非常强大，五是它的内在价值持续稳定增长。

（3）财务状况。财务状况是指企业在某一时刻经营资金的来源和分布状况，是用价值形态反映的企业经营活动的状况。好公司最起码是财务盈利能力强、偿债能力强、经营效率高、现金流好等综合财务状况健康良好的上市公司。

第一，财务盈利能力。根据公司的 ROE、净利润率、毛利率等指标来分析公司的盈利能力。好公司的 ROE 指标最低也需是连续多年达到 15%及以上，同时需要高于行业平均水平，并且在行业内排名处于前三名。高 ROE 的公司有三种模式：一是高利润率模式（如奢侈品等附加值高），二是高周转模式（如快递和商超零售商），三是高杠杆模式（如金融、地产等）。我们做投资需要优选高利润率模式下的高 ROE 公司。

第二，偿债能力。我们可以通过流动比率、速动比率、资产负债率等指标评估公司的短期和长期偿债能力。比如，分析资产负债率和利息保障倍数，旨在重点评估公司的财务稳定性和偿债能力。

第三，经营效率。分析公司应收账款周转率、存货周转率等指标，以了解公司资金的周转速度和经营效率。

第四，现金流分析。检查公司经营活动产生的现金流及自有现金流，确保公司有足够的现金维持运营和支持成长。

我们结合以上公司的财务数据和行业情况，对比历史数据和同行业公司，综合评估目标公司的财务健康状况，从而筛选出好公司来。

（4）公司的综合管理能力。公司的综合管理能力是指公司在多个管理领域中有效整合和运用资源，以达到组织目标的能力。这包括公司的战略规划能力、人力资源管理能力、财务管理能力、运营效率能力、风险管理能力等。公司的综合管理能力是其核心竞争力的重要组成部分，对于公司的长期发展和强化市场地位具有重要影响。通过不断提升这些能力，公司能够在激烈的市场竞争中保持优势，实现可持续发展。

以上就是我在股市中选择好股票的简单分析方法，通过上述行业分析、投资逻辑分析、基本面分析的方法，投资者可以提高在股市中寻找好股票的概率。然而，需要注意的是，没有任何一种方法能够100%保证找到好股票。投资者应该结合自己充分的研究和理性分析，做出理性的投资决策。

第三节　等待好股票的好买点

买股票有三个重要的原则，第一好行业，第二好公司，第三好价格，这三个原则在买股票的时候缺一不可，必须同时满足才可以出手。上一节写了在 A 股 5000 多家上市公司中筛选出好公司的分析方法，那么当筛选出好公司后，投资者还得耐心等待好价格、好买点的出现后才可以买入。

任何一家公司，不论这家公司多么优秀，都不值得你不计成本买入。比如，2007 年 11 月 5 日，中国石油顶着亚洲最赚钱公司的光环登陆上海证券交易所，发行价为 16.7 元，发行市盈率 22.44 倍，中石油上市之际正是 A 股牛市人声鼎沸之时，得到大量资金不计成本追捧，高开于 48.6 元（不复权），而现在股价不足 10 元，山顶被套的这部分资金至今已经被套 10 多年了，解套还是遥遥无期。再比如，贵州茅台可是沪深两市最优质的好公司之一，假设在估值高位的 2021 年 2 月 18 日 2600 元（不复权）买入，至今已经三年多时间了，依然还是深套 30% 多。

所以，今天我需要再次强调一遍：任何一家公司，不论这家公司多么优秀，都不值得不计成本买入。**投资者需要耐心等待好行业里的好公司出现好价格、好买点，而不是急于追高买入。**等待是一门技术，更是一门艺术。

我特别喜欢陪孩子一起看《动物世界》，有时候我边看边想，我们的投资市场与大草原的动物世界何其相似。大草原中的羊，它们喜欢成群结队,虽数量大但毫无作战能力。它们的特点是软弱,最大的优点是跑得快。大草原的羊,其实就是股市中的小散户。

大草原中的野狼,它们喜欢团队作战,非常聪明,对待猎物非常凶猛,弱点是它们只会巡逻捕猎,当猎物数量不够时,它们这种捕猎方式会白白浪费体力。狼吃羊,但自己本身也会被狮子吃掉。大草原的野狼,其实就是股市中的券商自营、私募、公募、险资、QFII、庄家等机构。

大草原中的狮子,它喜欢单独作战,而且极其凶猛,草原上极少有动物敢招惹它,属于羊和狼的天敌。但狮子同样也有缺点,就是它体态庞大,自己本身也在不断消耗大量的能量,所以一旦草原上猎物稀少,狮子往往最早被饿死。大草原中的狮子,其实就是股市中的上市公司、产业资本等。

大草原中的鳄鱼,它喜欢潜伏捕猎,它的捕猎方式看似被动,但效果却最好。它潜伏在所有猎物都需要去饮水的战略要地,在消耗本身能量最少的前提下耐心潜伏等待猎物的出现。即使很多天没有遇到猎物,已经饿得饥肠辘辘了。它还会继续有信心地待在原地等待猎物,直到猎物出现。一旦猎物出现在鳄鱼的攻击范围之内,它会毫不犹豫地发起攻击,一击致命,绝不嘴软,直到把猎物彻底咬死。大草原中的鳄鱼,其实就是股市中的金融大鳄等。

我们普通小散户,想要在股市生存长久,也应该像鳄鱼一样,潜伏在战略要地,耐心地等待好公司的好价格出现,多看少动,等到好买点出现时重拳出击。那么，好公司什么时候会出现好价格、好买点呢？

（1）**当股市发生系统性风险时，所有股票全线下跌，这时被错杀的好公司，往往会出现远远低于其内在价值的好价格、好买点。**这种情况其实也是在熊市的底部区域，此时好行业里的好公司容易出现好买点。比如，2015年股市下跌后，所有股票全线无差别杀跌，这时很多核心资产的好公司因为部分投资者爆仓被强制卖出或者其他原因被动卖出，而出现了几年一遇的好价格、好买点。

（2）**当好行业突发黑天鹅事件时，行业内所有公司的股价会出现全线下跌，这时好行业的好公司往往会被错杀，从而出现好价格、好买点。**比如，"塑化剂事件"引起白酒行业的好公司出现好买点，还有"三聚氰胺事件"引起乳业行业的好公司出现好买点，以及现在集采引起医药行业的好公司出现好买点等。

（3）**当估值层面进入低估区域时，通过扣非动态市盈率、动态市净率等估值方法来判断好行业里的好公司是否进入好价格区域。**比如，非周期行业的扣非动态市盈率进入近10年5%分位以下时，好公司往往就会进入好买点的区域。贵州茅台在"塑化剂事件"发生后，当其扣非动态市盈率进入近10年5%分位以下区域，就进入了好买点区域，随后茅台的股价逐步见底企稳反身暴涨。

再比如，周期行业的动态市净率进入近10年5%分位以下时，好公司往往就会进入好买点的区域，2018年底中信证券市净率进入近 10 年 5%分位以下区域，自此进入了好买点区域，随后中信证券的股价触底反转大涨。

（4）当技术面出现底部形态时，通过波浪理论、趋势形态、均线系统、技术形态、技术指标等技术面分析，来辅助判断好行业里的好公司是否进入好价格区域。比如，好行业的好公司出现波浪理论 C 浪杀跌底部反转成 1 浪上涨，或突破长期趋势线反转，或长期趋势形态由下跌趋势转向上涨趋势，或均线系统由空头排列转向多头排列，或出现 V 形底形态、W 底形态、头肩底形态、三重底形态、圆弧底形态等技术形态，或技术指标月线 MACD、KDJ 等发出长线见底信号，等等。这些情况往往意味着好公司开始进入好买点的区域。

当出现上面四种情况时，好行业的好公司大概率会进入好价格区域。这时，我们可以通过凯利公式计算出最佳的买入仓位。凯利公式最早由 AT&T 贝尔实验室物理学家约翰·拉里·凯利提出，后来被爱德华·索普应用于赌场的 21 点游戏中，并大获全胜。再后来，索普发现了另一个可以验证凯利公式的场所——股票市场，他从此转战资本市场，成立了史上第一家量化对冲基金。他利用凯利公式来管理其资金，基金的年化回报率高达 28%。

在概率论中，凯利公式是一个在期望净收益为正的独立重复赌局中，使本金的长期增长率最大化的投注策略。若赌局的期望净收益为零或为负，凯利公式给出的结论是不赌为赢。凯利公式的本质是在风险与回报之间找到一个平衡点，以期望得到利润最大化的长期收益。凯利公式简化版的基本形式如下。

$$f = \frac{bp - q}{b}$$

式中，f是投资最佳仓位；b是赔率，即投资预期收益与最大承受亏损的比值；p是投资成功概率；q是投资失败概率且$p = 1 - q$。

接下来，我们假设伊利股份进入好买点区域，计算一下现在伊利股份适合配置的最佳仓位（见图3-3）。

图 3-3　伊利股份上市以来的年 K 线图

假设，此时预期伊利股份（p）的上涨概率为51%，下跌的概率（q）为 $1 - 51\% = 49\%$。如果此时伊利股份上涨的话，预计可以获得40%的回报；下跌的话，预计损失到投资额的20%就止损，那么意味着此时的赔率（b）是 40%/20% = 2。

将上面数据代入凯利公式计算出最佳配置仓位为：

$$f = (2×51\% - 49\%)/2$$

$$f = 0.53/2$$

$$f = 0.265$$

这意味着投资者最高将可用资金的 26.5%买入伊利股份，由于每个投资者预估的胜率和承受亏损的幅度不同，所以计算出的最佳仓位也因人而异。通过凯利公式计算出最佳的买入仓位后，我们可以按照左侧建仓或者右侧建仓模式配置最佳仓位。

（1）左侧建仓是指当好公司进入好买点区域后，根据估值或者技术层面的底部形态在下跌过程中逐步买入，这种方法旨在从价格低点区域获取较低成本的股份，可以在价格上涨时获得较大利润。然而，由于是在底部区域买入，因此也存在一定风险，如遇较长时期底部磨底，会因被套产生浮亏。

左侧建仓方法可按照金字塔买入或者均分买入的方式来分批买入。金字塔买入法，是指随着标的价格的下跌，遵循等差递增的原则，不断加大买入以最终达到凯利公式计算出的最佳仓位的买入方法。均分买入法，是指将资金等分后，随着标的价格的下跌，等分买入以最终达到凯利公式计算出的最佳仓位的建仓方法。

（2）右侧建仓是指当好股票进入好买点区域后，根据技术层面的底部形态已经确认见底并开始上涨时买入。这种方法减少了判断底部的难度，但也可能因为买入时价格已经较高，而增加了成本和风险。

右侧建仓方法可按照倒金字塔买入的方式来分批买入。倒金字塔买入法，是指随着标的价格的上涨，遵循等差递减的原则，不断减少买入以最终达到凯利公式计算出的最佳仓位的买入方法。

通过以上方法，投资者可以耐心地等待好行业里的好公司出现好买点，并且根据适合自己的建仓方法配置到适合自己的最佳仓位。需要注意的是，股市中没有一种方法能够100%保证成功率，投资总是伴随着风险。

第四节　耐心持有好股票

操作股票的步骤一般都说是选股、买入、卖出这三个步骤，而我则认为还有一个非常重要的步骤——**持有**。我单独把持有这个步骤写为一节，就是为了引起大家对持有这个环节的重视。

在持有环节，我们面对的最大敌人就是股市的波动，而股票市场的波动特征又是基本属性，股票市场在无休止的价格波动中发挥着基本的资源配置功能。股票市场短期内的波动往往是非理性的，它不总能反映公司的真实内在价值。当我们持有好股票后，对待股市的波动要有一颗平常心，耐心持有，耐心等待未来卖出机会的出现。

不要以为耐心持有是件很简单的事情，我曾经看到胡立阳讲的一个投资者持有股票持续上涨而特别痛苦的故事。

他这个故事主要讲的是大赚小赔，其中有这么一个投资者买入了一只股价为20元的股票，然后他告诉这个投资者马上向下设

10%的割肉点，也就是 18 元，假如这只股票跌到了 18 元就割肉。过了一段时间这个投资者给他打电话说，这只股票没有到过 18 元，现在已经 25 元了，问现在可不可以卖？他告诉这位投资者绝对不能卖，可以向下设 10%的止盈点，也就是 22.5 元时卖出，只要这只股票不到 22.5 元，永远不要卖出。

可过几天，这位投资者又给他打电话问，现在 30 元了，可不可以卖出？他对这位投资者说不能卖，千万不能卖，再向下设 10%的止盈点，也就是 27 元时卖出，你要把自己的手绑起来，不到 27 元绝对不能卖出，以后都要这样设置。过了一段时间，这个投资者又给他打电话用非常微弱的声音问，这只股票已经 100 元了，该不该卖出？他忙问这位投资者你生病了吗？这位投资者说，自己已经生病了很久，自己每天好紧张，自己的呼吸都快要呼不出来了，因为不让卖出，太难熬了。看到了吧，即使是赚钱，这个持有阶段也是非常痛苦。

耐心持有好股票真的不是一件容易的事情。我在 2016—2019 年持有新城控股期间，新城控股的股价从不复权的 8 元上涨至 40 元，3 年上涨至 5 倍，此期间经历了多次回调，还经历了一次 50%的回撤。早期曾经和我一起买入的投资者，都陆陆续续地卖出了，只有我坚持到后期，后来因其发生了一件人尽皆知的不可控事件，我才被迫卖出。

股票市场 80%的时间都处于震荡行情之中，只有 20%的时间处于明显的上升或者下降行情。但遗憾的是，绝大多数投机者总想抓住市场的每一个机会，总想像上班一样每天都能赚到钱，结果是在 80%的震荡行情中赔掉了大部分的钱。

持有阶段每天面对无序的波动时，如果你预期持有的好公司收益最少是 50%，甚至翻倍或者上涨多倍，那么你还会在当它仅仅下跌了 10%时的一个小回调而被震仓出局吗？就像杰西·利弗莫尔所说：我的想法从来都没有替我赚过大钱，总是坚持不动替我赚大钱。懂了吗？是坚持不动！

其实，对市场判断正确并买入牛股丝毫不足为奇。你在牛市里总是会找到很多一开始就买入牛股的人，太多太多的人在适当时间里判断正确并且买入牛股，他们开始买进时，价格正是在应出现最大利润的价位上。但是他们没有从中赚到真正的大钱。能够同时判断正确又坚持不动的人很罕见，我发现这是最难学习的一件事。投资者只有切实了解这一点后，才能够赚大钱。如果买入之前你不下功夫，买入后持有阶段你没有耐心，那么一切将与你无缘。

所以，当选出好行业的好公司且已经买入时，无视短期的波动，耐心持有不动，也许就是最好的策略！但是，耐心持有好股票并不意味着无视公司基本面恶化等情况，投资者应该在持有期间持续监控公司的发展，必要时也要做出适当的调整。

第五节　等待好股票的好卖点

投资圈里有句很经典的话：会买的是徒弟，会卖的是师傅。这句话生动形象地反映了卖点相对于买点的难度。前文刚刚讲了买股票会有三个重要的原则，即第一好行业、第二好公司、第三好价格，这三个原则在买股票的时候缺一不可，必须同时满足才可以出手。

那么，当我们筛选出好行业的好公司，并且找到好的买点买入，再耐心持有好股票，最后还得需要耐心等待好股票出现好的卖点才能去卖出止盈。以下就是好股票卖出的三个常见原则，只要触发这三个卖出原则的任何一个，投资者就可以选择卖出。

（1）**基本面出现实质性恶化或者买入时的底层逻辑发生颠覆性改变时，必须第一时间无条件卖出。**如果我们发现持有的股票基本面出现长期且不可逆转的恶化，如商业模式不可逆地变差、业绩持续亏损、管理层出现问题等，或发现最初买入的底层逻辑发生颠覆性改变。投资者只要发现持有的好股票发生以上的情况，必须第一时间无条件卖出。

（2）**价格被严重高估，投资者可选择卖出。**当好股票的价格远远超出其内在价值，达到严重高估的水平时（比如估值百分位达到了近 10 年 90%分位以上），这时投资者可以选择分批卖出。这种情况一般发生在牛市后期的泡沫期间，或者当市场对好公司前景过于乐观被大幅爆炒后。比如 2021 年初的核心资产全线被爆炒到估值严重被高估时。

（3）**发现了更好的投资机会时，投资者可以选择卖出。**如果投资者发现了更好的投资机会，即其他股票或资产的潜在回报高于当前持有的股票，且这些新机会的风险更低，那么卖出现有的好股票以投资于这些机会可能是合理的。

当持有的好股票触发上述卖出三原则之一时，投资者可以一键清仓，也可以分批卖出或以其他适合自己的方法卖出。

第六节　股票的四大投资策略

投资策略是投资者在股市中取得成功的关键之一。其实股市投资成功的秘诀，就是找到适合自己又能够稳定盈利的策略，然后重复操作。股票投资的策略方法有很多种，有热点题材投资策略、技术投资策略、价值投资策略、成长投资策略等，以下是一些A股市场比较常见的股票投资策略。

一、热点题材投资策略

热点题材投资策略是一种根据当前市场的热点行业或主题来选择股票进行投资的方法，投资者通常会关注政策、经济、社会等方面的热点话题，以及市场流行的概念股、热门板块等。投资者可以通过对市场情绪、资金流向和政策导向等因素的敏感度，在热点行业或主题启动时买入相关公司的股票，并在热点退潮时卖出，以获得高额收益。比如，曾经赫赫有名的"涨停板敢死队"就经常在热点题材炒作中采用这种投资策略。

热点题材投资因其高波动性和不确定性，风险较高，适合风险承受能力较强和具有一定市场分析能力的投资者。但这种投资策略往往是普通散户成长道路上需要经历的一个过程，遗憾的是对于99.99%的散户来说，这种策略都不能做到稳健复利赚钱。

二、技术投资策略

技术投资策略是一种通过分析股票价格走势、成交量、图表形态等技术指标来预测股票价格未来趋势的方法。技术投资者通常会使用各种图表和指标，例如移动平均线、相对强弱指数和 MACD 等指标来帮助做出决策。

如果投资者能够按照某个大周期技术形态，或者技术指标，或移动均线等，严格按照纪律，机械地去执行止损和止盈，也可以做到大赚小赔、长期盈利。俗话说，一招鲜，吃遍天。比如，最近几年比较火的量化交易，其中就有部分量化模式是采用技术投资策略。只是这种策略的难点是普通投资者很难做到知行合一，很难克服人性操作。

三、价值投资策略

价值投资策略是指价值投资者买入价格大幅低于其内在价值的股票并长期持有，若出现股票价格明显高于其内在价值时卖出以获取投资收益。这种策略由本杰明·格雷厄姆和戴维·多德提出，并由沃伦·巴菲特等著名投资者进一步发扬光大。价值投资强调以低于其内在价值的价格购买优质资产，并依靠公司的盈利和成长来实现资本增值。这种策略是一种赚钱概率高且特别适合普通散户的投资策略，但这种策略需要投资者能进行深入的行业分析、公司筛选、公司基本面分析及能够克服人性的弱点。

四、成长投资策略

成长投资策略是指投资者以合理的价格买入预期利润或收入有高增长潜力且具有强大竞争优势和良好商业模式的成长型上市公司发行的股票，在公司高增长放缓时及时卖出以兑现投资收益的一种投资策略。

成长投资主要关注公司的增长速度，尤其是收入和盈利的增长速度，以及它们在市场中的扩张潜力。由于成长股的高增长预期，往往其估值很高，低估的机会很少出现，只能在价格合理时买入，所以说成长投资策略只适合那些愿意为未来增长支付溢价并能够承受较高风险的投资者，比如成长投资的代表费雪等。

以上就是股市投资中常见的四种股票投资策略，这些投资策略没有所谓的好坏之分，只有适不适合自己。实践是检验真理的唯一标准，投资者应该根据自己的风险偏好、投资目标等情况选择适合自己的投资策略，只要策略能够适合自己的投资理念且能够稳定地盈利，就是好策略。

第七节　新城控股的三年五倍

这篇文章是我在 2016 年 11 月 25 日建仓新城控股时研究该公司的相关资料和 2017 年 4 月第二次发布关于新城控股的文章内容摘选。

一、新城控股简介

新城控股集团股份有限公司（以下简称"新城控股"）于 1993 年成立于江苏常州，业务涉及房产开发投资、商业管理等多个领域。经过多年的发展，新城控股已经成为住宅地产和商业地产的综合性地产集团。并于 2015 年在 A 股上市，2015 年公司全年实现合同销售金额 319.29 亿元（含合营项目 26.43 亿元），同比增长 30.3%。2015 年实现营业收入 235.69 亿元，实现净利润 24.00 亿元，分别比 2014 年增长 14.00% 和增长 33.88%。截至 2015 年 12 月 31 日，公司总资产为 678.02 亿元，归属于上市公司股东的净资产为 121.31 亿元，分别比上年同期增长 32.65% 和 74.36%。

其中，商业综合体项目实现销售 110.2 亿元，商业综合体项目销售占比较 2014 年有较大提升，吴江、张家港、丹阳吾悦广场如期顺利开业，一举成为所在区域新地标，住宅、商业的双轮驱动战略顺利起航。土地拓展以长三角为核心，优化全国区域布局，大胆创新土地拓展模式，集团新增货值 886 亿元，其中新增商业综合体项目 17 幅，建筑面积 512.5 万平方米，位列全国第二。

公司住宅地产开发业务长期坚持"区域聚焦、高速周转、产品多元化"发展战略。在城市布局方面，新城控股坚持"以上海为中枢、长三角为核心，向珠三角、环渤海及中西部地区扩张"的"1+3"战略布局，在加快全国化布局的同时持续深耕长三角区域。在运营策略方面，新城控股坚持高速周转、快速销售，许多在售项目从拿地到开盘的时间间隔在一年以内。

公司商业地产开发业务主要经营商业综合体的开发及运营管理，其房地产产品以出售为主，辅以自持运营及对外租赁。公司的商业地产开发业务的主要产品为商业综合体，包括销售型物业和持有型物业两部分。其中，销售型物业供对外出售，主要包括住宅、写字楼、酒店及酒店式公寓、沿街商铺等；持有型物业供自持运营或对外租赁，主要是购物中心。

截至 2016 年底，公司已累计开业 11 个新城吾悦广场，全年实现租金及管理费收入 4.41 亿元，出租率达 98.96%。此外，凭借多年来积累的商业项目成功运营经验，公司下属新城商业管理集团有限公司积极探索"轻资产"模式，实现管理模式输出，在 2016 年输出了诸暨永利吾悦广场、青岛新城吾悦广场两个项目，试水轻资产运营。2017 年，新城控股将在"融合发展，坚持质量增长；战略引领，重塑企业内核"的经营方针指导下，实现组织、管理、文化的大融合，重构核心竞争力，坚守主营业务，提高增长质量。公司商业地产开发的销售收入占商业地产开发总收入的比例保持在 90%以上。

二、新城的双轮驱动（住宅与商业协同发力）

2015—2016 年新城控股继续深化以住宅地产和商业地产双轮驱动的战略模式，基本完成了全国重点城市群、重点城市的全面布局，横跨不动产开发、投资、经营领域，形成产品协同和战略纵深，并初步完成了"以上海为中枢，长三角为核心，并向珠三角、环渤海和中西部地区进行全国扩张"的"1+3"战略布局。

在住宅地产方面，新城控股围绕客户需求，开发出丰富完善的住宅产品线。2016 年 6 月，公司瞄准业界高水准，推出了璞樾系产品，优化住宅产品体系，同时，公司一直在百年住宅、建筑产业化及养老地产等方面不断创新探索。此外，公司继续深耕长三角市场，上海、南京、苏州三地为新城控股住宅业务贡献了全年近一半的销售额，其中苏州公司更是首次实现了单城破百亿元的漂亮业绩。同时，新城在环渤海、珠三角区域实现了规模化开发，未来将继续在全国范围内逐步完成对供需关系较为均衡、人口吸附能力较强的省会城市的布局。

在商业地产方面，2016 年新城在成都、海口、南昌、安庆、金坛等地的吾悦广场相继顺利开业，首日客流量均在 30 万人次左右。2017 年，新城控股预计将在全国各个城市再开业 11 座吾悦广场，预计营收将超 10 亿元。

三、新城的吾悦广场历年开业情况及开业计划

需要说明的是，2016 年之后的计划是我个人根据公开信息的合理推测，仅供参考。

2014 年之前，吾悦广场开业 2 个。

2015 年，吾悦广场开业 6 个，在建 15 个。

2016 年，吾悦广场开业 11 个，在建 28 个。

2017 年，吾悦广场开业 22 个，在建 30 个。

2018 年，吾悦广场开业 45 个，在建 35 个。

2019 年，吾悦广场开业 78 个，在建 44 个。

2020 年，吾悦广场开业 108 个，在建 50 个。

四、新城控股的业绩预期

根据股权激励计划未来盈利预测：2016 年净利润为 25 亿元，增长 105%；2017 年净利润为 35 亿元，增长 40%；2018 年净利润为 50 亿元，增长 43%；当时市值为 267 亿元，对应 2017 年动态市盈率为 8 倍。

五、静待新城未来的戴维斯四击

（1）低估的住宅地产的估值修复。

（2）住宅地产向商业地产的估值切换。

（3）新城双轮业绩爆发。

（4）万达上市点燃估值溢价。

六、技术面

如图 3-4 所示，从周线角度的技术形态看，当时正处于大型头肩底右肩回踩处，且下面周 KDJ 指标出现金叉。

如图 3-5 所示，从波浪理论角度看，当时正处于上涨 5 浪大趋势中的 2 浪回踩中，且周 MACD 指标出现金叉后逐步突破 0 轴。

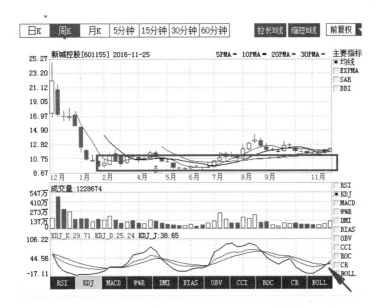

图 3-4　新城控股 2016 年周 K 线走势图（1）

图 3-5　新城控股 2016 年周 K 线走势图（2）

如图 3-6 所示，当时月 MACD 指标出现金叉且刚刚放出红柱。

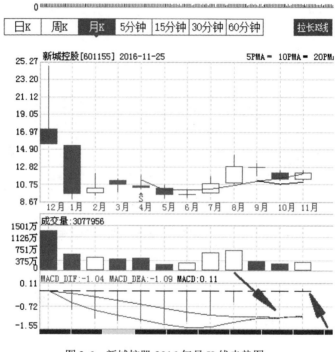

图 3-6　新城控股 2016 年月 K 线走势图

从新城控股技术面的技术指标、技术形态、波浪理论等维度看，新城控股当时处于大周期的底部区域。

七、预期未来新城控股的三年五倍

2015 年新城控股合同销售金额为 319.29 亿元，2016 年新城控股合同销售金额达 658 亿元，2017 年计划销售目标是 1000 亿元，远期 2020 年计划销售目标是 3000 亿元及商业综合体计划开业 100 个。

新城控股在 2020 年的计划销售目标是 3000 亿元,相对于 2016
年的销售金额来说接近增长到 5 倍。根据市值=市盈率×利润的公
式,假设销售利润率和市盈率不变,可以简单地线性推断未来新
城控股市值大概率也是三年五倍。我底仓是在新城控股 2016 年 11
月 25 日市值在 271 亿元时建仓,三年五倍的话对应市值是 1355
亿元。

八、投资风险

(1)房地产调控超预期的风险。

(2)吾悦广场开业不及预期的风险。

总之,新城控股从多个维度看,非常类似于当年快速扩张前
的万达集团,未来几年内新城控股值得期待。

我买新城控股的底层逻辑是,当时的新城控股有着小万达的
雏形,住宅开发从区域走向全国,商业地产招聘了操盘万达的副
总后,在全国快速复制扩张,双轮驱动必然会带动公司业绩(内
在价值)快速增长,从而进一步带来市值增加。

当时新城控股的基本面非常优秀,其商业模式是用吾悦广场
的优势低价拿地(含配套的住宅),用配套住宅销售的利润建设吾
悦广场。这种核心竞争力除了万达,沪深两市没有其他公司可以
与其竞争,万达又没有上市,所以这种独特的商业模式下新城控
股会有估值溢价。

当时的新城控股财务状况健康良好且盈利能力强,公司的
ROE 在 30%以上。公司的偿债能力、经营效率和现金流都很好,

可以说当时的新城控股综合财务状况优秀。

当时的新城控股综合管理能力也很优秀，从万达挖过来操盘万达广场的副总操盘吾悦广场，且管理层对吾悦规划的布局具有前瞻性、战略性，新城控股每年的计划都能够超额完成。

二级市场上，新城控股的股价也是从 2016 年最低的前复权 7.22 元，一路上涨至 2019 年的前复权 40.64 元，三年上涨至近五倍。只可惜在 2019 年 7 月发生了一件人尽皆知的不可控事件（触发了卖出的三原则之一），随后其股价经历三个一字跌停，我在其第四天打开跌停后全线清仓，收益被迫大幅度回吐。

第八节　我的股票实盘

2014 年 1 月 1 日我开启了一个场内股票账户实盘，最早的时候发布在集思录和鼎级，后来有了自己的微信公众号后就又同步到公众号平台上了，再后来鼎级平台关闭了，上边的记录已经无法查看。公众号平台由于前几年有一次专门针对财经自媒体的"清朗行动"，我就很自觉地提前删除了绝大部分的文章，实盘记录也有很多文章被删除。好在我基本都是持有不动，调仓的次数就寥寥几次，现在断断续续地也还可以查看大部分的记录。

截至 2024 年 5 月 10 日收盘，今年收益为 11.86%，累计收益为 2038%，年化收益率为 31.5%。同时期沪深 300 指数增长 57.85%，跑赢沪深 300 指数 1980%，本周持仓不动无交易，今年持有不动无交易（见图 3-7 和图 3-8）。

图 3-7　2024 年股票账户收益截图

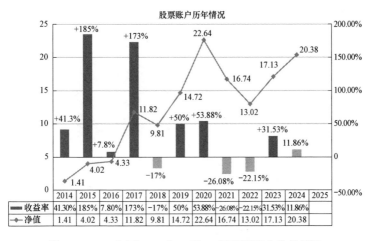

	2014	2015	2016	2017	2018	2019	2020	2021	2022	2023	2024	2025
收益率	41.30%	185%	7.80%	173%	-17%	50%	53.88%	-26.08%	-22.15%	31.53%	11.86%	
净值	1.41	4.02	4.33	11.82	9.81	14.72	22.64	16.74	13.02	17.13	20.38	

图 3-8　2014 年至 2024 年 5 月 10 日股票账户收益情况

关于该实盘的具体情况，大家可以关注我的"三年一倍"公众号了解详细持仓及实时更新动态。慢就是快，复利增长，如果有喜欢围观的朋友，都可以一起来围观，投资就像滚雪球，长坡厚雪一起慢慢变富。

第四章

基金投资方法与实践应用

第一节 股票和基金的特性区别

一、股票的八大特性

股票作为公司所有权的一种形式，具有一些独特的特性，这些特性决定了股票投资的吸引力和风险。以下是股票的八大关键特性。

（1）所有权。股票代表了对公司一定比例的所有权，持有股票即成为公司的股东，即有权按持股比例分享公司的盈利和增长。

（2）投票权。股东可以根据其持有的股份数量，在公司决策中行使投票权，参与公司治理。

（3）收益性。股票可以为持有人带来收益，收益主要来源于股价上涨和公司股息红利。

（4）风险性。股票投资收益存在着不确定性，或者说实际收益和预期收益之间的偏离。股票价格在二级市场上随时可能会下跌，甚至上市公司可能会破产退市，导致股票价值归零。

（5）流动性。股票通常在证券交易所交易，可以自由买卖，具有较高的流动性。

（6）永久性。股票所载有权利的有效性是始终不变的，因为它是一种无限期的法律凭证。

（7）波动性。股票价格受多种因素影响，包括公司业绩、行业动态、宏观经济状况、市场情绪等，因此股票价格可能会有较大的波动，短期内价格变化可能很大。

（8）分析难度。投资股票需要对公司的财务状况、行业地位、管理团队等进行深入分析，难度较大。

股票投资是一种复杂但具有潜在高回报的投资方式，适合于愿意承担一定风险并寻求长期增长的投资者。然而，由于股票投资具有波动性和风险，投资者在入市前应进行充分的市场研究和风险评估。

二、基金的八大特性

基金是指通过公开发售基金份额募集资金，由基金托管人托管，由基金管理人管理和运用资金，为基金份额持有人的利益，以资产组合方式进行证券投资的一种利益共享、风险共担的集合投资方式。以下是基金的八大主要特性。

（1）集合投资。基金是将零散的资金汇集起来，交给专业机构投资于各种金融工具，以谋取资产的增值。基金对投资的最低限额要求不高，投资者可以根据自己的经济能力决定购买数量，有些基金甚至不限制投资额大小。因此，基金可以最广泛地吸收社会闲散资金，汇成规模巨大的投资资金。

（2）分散风险。相比于单一股票，基金通过科学的投资组合方式来分散风险。在投资活动中，风险和收益总是并存的，基金凭借其集中的巨额资金，在法律规定的投资范围内进行科学的组合投资，实现资产组合多样化。基金能够通过多元化的投资组合，利用不同投资对象之间收益率变化的相关性，达到分散投资风险的目的。

（3）专业理财。基金实行专业理财制度，由受过专门训练、具有比较丰富的证券投资经验的专业人员运用各种技术手段收集、分析各种信息资料，预测金融市场上各个品种的价格变动趋势，制订投资策略和投资组合方案，从而可减少投资决策失误，提高投资收益。

（4）收益性。基金可以为持有人带来收益，收益主要来源于基金净值增长和公司分红。

（5）风险性。基金投资收益存在着不确定性，或者说实际收益和预期收益之间的偏离。基金的净值会根据持仓标的被动波动，但由于是组合投资，风险相对较小。

（6）流动性。开放式基金通常具有较高的流动性，投资者可以在交易日内申购或赎回。

（7）透明度。基金的投资组合和表现通常定期向投资者披露，信息透明度较高。

（8）分析难度。投资基金主要是找到管理规范、经验丰富、人品靠谱的基金经理管理的基金便可，相对于股票来说，专业分析难度较小。

基金适合希望分散风险、缺乏专业知识或时间进行投资研究，以及寻求专业资产管理的投资者。

三、股票和基金的五大区别

股票和基金是两种不同的投资工具，它们存在显著的五大区别。

（1）所有权不同。股票所有权代表了持有人对公司一定比例的所有权，有权按持股比例分享公司的盈利和增长，股票的所有权代表的是所有权关系；而基金所有权则代表持有人对基金资产的所有权，只是成为其基金受益人，但不能直接按照比例拥有基金投资的公司。基金所有权反映的是信托关系。

（2）风险不同。单一股票面临较高的不确定性风险，风险高且集中；而基金通常投资于多种资产，风险相对低且分散。

（3）管理方式不同。股票是投资者自行管理的，需要自己做出买卖决策；而基金由专业基金经理管理，投资者只需要负责申购或赎回基金份额的操作，基金经理负责具体资产配置和投资决策。

（4）投资门槛不同。在 A 股交易通常需要按 100 股的整数倍购买；而基金一般都是以 1 元为起投点，投资门槛较低。

（5）收益来源不同。股票的收益主要来源于股价上涨和分红；基金的收益来源取决于基金的投资组合，可能包括股票、债券的升值和分红等。

股票适合于愿意自己管理投资，能够接受较高风险，并有投资分析能力的投资者。基金则适合于希望分散风险，寻求专业管理，可能没有时间或专业知识进行投资的个人投资者。投资者在选择股票和基金时，应根据自己的风险承受能力、投资目标、投资知识、时间投入等因素进行综合考虑，并做好投资规划和风险管理。

第二节　基金的七种分类方式

基金可以根据不同的标准进行分类，以下是一些常见的基金分类方式。

一、按照基金的组织形式不同，可分为契约型基金和公司型基金

（1）契约型基金又称为单位信托基金，是指将投资者、管理人、托管人三者作为信托关系的当事人，通过签订基金契约的形式发行受益凭证而设立的一种基金。契约型基金是基于信托原理而组织起来的代理投资方式，没有基金章程，也没有公司董事会，而是通过基金契约来规范三方当事人的行为。基金管理人负责基金的管理操作；基金托管人作为基金资产的名义持有人，负责基金资产的保管和处置，对基金管理人的运作实行监督。目前，我国的基金全部是契约型基金。

（2）公司型基金是依据基金公司章程设立，在法律上具有独立法人地位的股份投资公司。公司型基金以发行股份的方式募集资金，投资者购买基金公司的股份后，以基金持有人的身份成为投资公司的股东，凭其持有的股份依法享有投资收益。公司型基金在组织形式上与股份有限公司类似，由股东选举董事会，由董事会选聘基金管理公司，基金管理公司负责管理基金的投资业务。

二、按基金运作方式不同，可分为封闭式基金和开放式基金

（1）封闭式基金是指经核准的基金份额总额在基金合同期限内固定不变，基金份额可以在依法设立的证券交易场所交易，但基金份额持有人不得申购赎回的基金。

（2）开放式基金是指基金份额总额不固定，投资者可以在合同约定的时间和场所进行申购或赎回的基金，包括传统的开放式基金和一些新型开放式基金，如 ETF、LOF 等。

三、按投资标的不同，可分为债券基金、股票基金、货币市场基金和混合基金

（1）债券基金是指以债券为主要投资对象的证券投资基金，通常 80%以上的基金资产投资于债券。由于债券的年利率固定，因而这类基金的风险较低，适合于稳健型投资者。债券基金的收益会受市场利率的影响，当市场利率下调时，其收益会上升；反之，若市场利率上调，其收益将下降。

（2）股票基金是指以上市公司股票为主要投资对象的证券投资基金，通常 80%以上的基金资产投资于股票。股票基金的投资目标侧重于追求资本利得和长期资本增值。

（3）货币市场基金是指以仅货币市场工具为投资对象的基金。

（4）混合基金是指以股票、债券和货币市场工具为主要投资对象的证券投资基金。

四、按投资目标不同，可分为成长型基金、收入型基金和平衡型基金

（1）成长型基金是指基金资产投资于信誉度较高、有长期成长前景或长期盈余的成长型公司的股票，追求基金资产长期增值的基金。

（2）收入型基金是指追求稳定的经常性收入，主要投资于大盘蓝筹股、股息率高的股票等品种的基金。

（3）平衡型基金是指将资产分别投资于两种不同特性的证券上，并在以取得收入为目的的债券和以资本增值为目的的普通股之间进行平衡。

五、按投资理念不同，可分为主动型基金和被动型基金

（1）主动型基金是指力图取得超越基准组合表现的基金。

（2）被动型基金是指试图复制特定指数表现的基金，因此又被称为指数基金，通常费用低廉、风险分散。

六、按募集方式不同，可分为公募基金和私募基金

（1）公募基金是指向不特定投资者公开发行受益凭证进行资金募集的基金，受到法律和监管部门的严格监管。

（2）私募基金是指私下或直接向特定投资者募集的基金，通常只向少数特定投资者采用非公开方式募资，监管要求较低，方式较为灵活。

七、特殊类型的基金，比如 ETF、LOF、QDII、FOF 等

（1）ETF 是 Exchange Traded Fund 的缩写，中文译为交易型开放式指数基金，是一种在交易所上市交易的、基金份额可变的开放式基金。交易型开放式指数基金属于开放式基金的一种特殊类型，它结合了封闭式基金和开放式基金的运作特点，投资者既可以向基金管理公司申购或赎回基金份额，又可以像封闭式基金一样在二级市场上按市场价格买卖 ETF 份额。不过，申购或赎回必须以一篮子股票换取基金份额或者以基金份额换回一篮子股票。

（2）LOF 是 Listed Open-end Fund 的缩写，也称为上市型开放式基金，是指在交易所上市交易的开放式证券投资基金。LOF 的投资者既可以通过基金管理人或其委托的销售机构以基金净值进行基金的申购或赎回，又可以通过交易所市场以交易系统撮合成交价进行基金的买入或卖出。

（3）QDII 是 Qualified Domestic Institutional Investors（合格的境内机构投资者）的缩写，QDII 基金是指在一国境内设立，经该国有关部门批准从事境外证券市场的股票、债券等有价证券投资的基金，它为国内投资者参与国际市场投资提供了便利。

（4）FOF 是 Fund of Funds 的缩写，是指一种仅用于投资其他投资基金的基金，所以也被称作基金中的基金。它只用于投资其他基金，通过持有其他证券投资基金而间接持有股票、债券等证券资产，并不直接投资股票或债券。

以上这些分类反映了基金的不同特征和投资策略，投资者在

选择基金时，应根据自己的风险承受能力、投资目标和市场情况来选择适合自己的基金。

第三节　寻找好基金的路径

什么样的基金是好基金？简单来说，一只能够长期、持续、稳定地给份额持有人带来资金增值的基金就是好基金。根据中国证券投资基金业协会数据（见图4-1和图4-2），截至2023年12月31日，我国各类资产管理产品数量为202645只，管理规模67.06万亿元。其中，私募基金153032只，管理规模20.32万亿元；公募基金11528只，管理规模27.6万亿元。

类　型	数量（只/个）	规模（亿元）
公募基金	11528	275992.95
证券公司及其子公司资管计划	20146	59250.64
基金管理公司资管计划	8299	47710.23
养老金	2958	48882.34
基金子公司资管计划	2993	14379.86
期货公司及其子公司资管计划	2117	2745.57
私募基金	153032	203155.96
资产支持专项计划	2268	19238.60
合　计	202645	670633.05

图4-1　各类资产管理产品数量及规模

在这么多的基金中，我们又该怎样才能寻找到长期持续稳定地给份额持有人带来资金增值的好基金呢？应该说，在资本市场中寻找好基金是一个系统性的复杂过程。

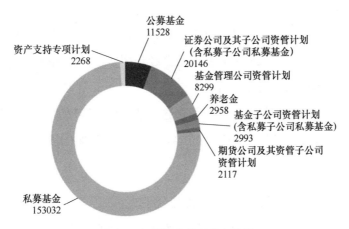

图 4-2　各类资产管理业务数量

首先，需要排除 15.3 万只私募基金，因为股票才 5000 多只，选个私募基金的难度比选个好股票的难度大 30 倍，如果有这个能力还不如去选股票了；并且私募基金的门槛很高，一般散户也不具备条件。所以对于普通散户来说，还是尽量排除私募基金为上策。其次，对于 1.15 万只的公募基金按照投资理念分为主动基金和被动基金（指数基金），我们可以对其再次进行分类筛选。

一、选择主动基金的三大路径

我们可以按照基金公司、基金经理、基金业绩等维度进行筛选分析。

1. 选择各个方面都非常优秀的基金公司

（1）稳定的治理结构。基金公司的管理能力，包括其治理结构的稳定性和有效性，是评价基金公司好坏的重要标准之一，优先选择具有稳定治理结构的基金公司。

（2）基金经理团队。好的基金公司往往拥有一支经验丰富、团队人员稳定、投研能力强的基金经理团队，优先选择具有优秀基金管理团队的基金公司。

（3）规模和管理效率。优先选择基金公司管理的资产规模较大，基金公司权益规模排前 20 名，同时基金经理人均管理产品数量少的基金公司。

2. 选择各个方面都优秀的基金经理

（1）长期稳定的业绩。优秀的基金经理能够持续地实现良好的投资回报，其管理的基金在长期内业绩稳定且排名位于同类型的前 20%。

（2）丰富的投资经验及强大的选股能力。具有最少 10 年的投资经验，特别是在不同市场周期中都能展现出优秀的资产管理能力。

（3）专业的教育背景。通常需拥有金融、经济或相关领域的高等教育背景，以及扎实的理论知识。

（4）良好的投资理念。要有明确的投资风格和理念，能够坚持自己的投资策略，不追逐市场热点，风格不漂移。

（5）风险控制能力。在追求收益的同时，能够有效管理和控制投资风险，保持基金净值的稳定增长。

3. 业绩为王

好的基金必须是基金净值长期持续稳健增长的。

（1）选择基金成立 10 年及以上且没有中途更换过基金经理的

基金。

（2）选择基金近 10 年年化收益率 10% 及以上的，虽然历史收益率不代表未来，但历史表现优秀的基金，继续保持优秀的概率会大。

（3）选择基金近 10 年最大回撤不超过 20% 的，如果基金的回撤率大于 20%，就算长期能取得不错的回报，但这种基金，也很少有人能拿得住。

通过对以上基金公司、基金经理、基金业绩三个维度筛选出的主动基金会非常非常少，但大概率是好基金。但过去不代表未来，投资过程中还是需要时刻跟踪、动态调整。

二、选择被动基金的四种路径

我们可以按照跟踪的标的指数、跟踪误差、流动性、费率等维度对被动基金进行筛选和分析。

（1）跟踪的标的指数价值高。选择那些覆盖面广、风险分散程度高的宽基指数，如沪深 300 和中证 A50 等指数；或者选择具有长期增长潜力的行业指数，比如消费和医药医疗行业基金等指数。

（2）跟踪误差小。好的指数基金应尽可能精确地复制其所跟踪的指数表现，优先选择跟踪误差小的指数基金。

（3）流动性好。优先选择指数基金份额大的，份额大往往意味着流动性好，投资者可以更容易地买卖基金份额，尤其是在场内交易的 ETF。

（4）低费率。指数基金的投资涉及多项费用，包括申购费、赎回费、管理费和托管费等。选择费率较低的指数基金可以有效减少成本开支。

投资者在选择指数基金时，应综合考虑上述因素，并结合自身的投资策略和市场情况，选择最适合自己的指数基金进行投资。

通过上述路径，投资者可以增加寻找到主动基金和被动基金里的好基金的概率。然而，需要注意的是，没有任何一种方法能够保证一定能找到好基金。投资者应该结合自己充分的研究和理性分析，做出理性的投资决策。

第四节　等待好基金的好买点

当筛选出好基金后，还需要耐心等待好价格、好买点的出现后才可以买入。任何一只好基金，不论这只基金多么优秀，都不值得你不计成本买入。

2007年10月正值A股牛市人声鼎沸之时，沪深300指数达到5800多点，市盈率接近50倍，此时大量场外资金不计成本地疯狂涌入市场，此时此刻如果买入沪深300指数基金，那么在14年后的2021年2月才解套，被套14年，这是何等悲壮。再比如，消费和医药行业可是沪深两市最优质的好赛道了，假设在2021年1月买入消费和医药的指数基金，至今已经三年多了，依然还是深套50%以上，你说惨不惨。

所以，我需要再次强调一遍：任何一只基金，不论这只基金多么优秀，都不值得你不计成本买入。你需要耐心等待好基金出现好价格、好买点，而不是急于追高买入。

那么，好基金什么时候会出现好价格好买点呢？

（1）**当股市发生系统性风险时，所有基金全线下跌，这时被错杀的好基金，往往会出现远远低于其内在价值的好价格好买点。**这种情况往往都是在熊市的底部区域。比如，2008年全球金融危机后，A股的所有基金全线无差别杀跌，这时好基金（不论是主动基金还是被动基金）往往会出现几年一遇的好买点。

（2）**当好行业突发黑天鹅事件时，好行业的指数基金会被错杀而出现好买点。**比如，曾经"塑化剂事件"引起白酒行业的中证白酒指数基金出现的好买点，还有现在因为集采引起的医药行业的指数基金出现的好买点等。

（3）**当估值层面进入低估区域时，通过扣非动态市盈率、动态市净率等估值工具来判断好基金是否进入好价格区域。**非周期行业的指数基金扣非动态市盈率进入近10年10%分位以下时，好基金就会进入好买点的区域。比如，在2018年10月中证医药扣非动态市盈率开始进入近10年10%分位以下，此时中证医药指数基金进入好价格区域，随后中证医药逐步见底企稳上涨。

周期行业的动态市净率进入近10年10%分位以下时，好基金就会进入好买点区域。比如，2019—2020年底中证煤炭市净率开始进入近10年10%分位以下，中证煤炭指数基金就逐步进入了好买点区域，随后中证煤炭指数触底反转大涨。

（4）当技术层面出现底部形态时，通过波浪理论、趋势形态、均线系统、技术形态、技术指标等技术面分析，来辅助判断好基金进入好价格区域。波浪理论 C 浪杀跌底部反转成 1 浪上涨；或突破长期趋势线反转；或长期趋势形态由下跌趋势转向上涨趋势；或均线系统由空头排列转向多头排列；或出现 V 形底形态、W 底形态、头肩底形态、三重底形态、圆弧底形态等技术形态；或技术指标月线 MACD、KDJ 等发出长线见底信号等，这些情况往往意味着好基金开始进入好买点区域。

当出现上面四种情况时，好基金大概率会进入好价格区域。这时，我们可以通过前文讲的凯利公式计算出最佳的买入仓位。接下来我以现在的中证医药（已经进入好买点区域）为例，来计算一下配置的最佳仓位（见图 4-3）。

图 4-3　中证医药季 K 线图

假设，此时预期中证医药（p）的上涨概率为51%，下跌的概率（q）为 $1-51\%=49\%$。如果此时中证医药上涨的话，预计可以获得100%的回报；下跌的话，预计损失到投资额的30%就止损，那么意味着此时的赔率（b）是 100%/30%＝3.33。将上面数据代入凯利公式计算出最佳配置仓位为：

$$f = (3.33 \times 51\% - 49\%)/3.33$$

$$f = 1.21/3.33$$

$$f = 0.363$$

这意味着投资者最高将可用资金的 36.3%买入中证医药指数基金，由于每个投资者预估的胜率和承受亏损的幅度不同，所以计算出的最佳仓位也因人而异。

通过凯利公式算出最佳的买入仓位后，我们也可按照左侧建仓、右侧建仓、基金定投的模式来配置最佳仓位。左侧建仓和右侧建仓的方法和策略与股票的基本类似，在此不作赘述。

基金定投的建仓方法是指当好基金进入好价格区域后，通过定期定额来投资好基金，直至其走出好价格区域暂停投资，这种方法可以分散投资时间点，降低市场波动的影响，实现底部区域建仓的成本平均，从而实现后期上涨的最大化收益。

通过以上方法，投资者可以耐心等待好基金出现好买点的机会，并且根据适合自己的建仓方法配置到适合自己的最佳仓位。然而，需要注意的是，投资者还应结合自身的风险承受能力、投资目标和投资期限，选择适合自己的投资策略，并持续关注市场动态和基金表现，做出理性的投资决策。

第五节　等待好基金的好卖点

当我们筛选出好基金，并且找到好的买点买入，再耐心持有好基金，最后还需要耐心等待好基金出现好的卖点去止盈。以下就是好基金卖出的三个常见原则，只要触发这三个卖出原则的任何一个，投资者就可以选择卖出。

（1）**基金经理变动**。基金经理的变动可能影响基金的未来表现，如果核心基金经理离职，可能需要重新评估基金，这时可以选择卖出。

（2）**严重高估**。当好基金背后的持仓股票的价格远远超出其内在价值，达到严重高估的水平时（比如估值百分位达到了近 10 年 90%分位以上），这时投资者可以选择分批卖出。这种情况一般发生在牛市后期的泡沫期间。比如 2021 年初的消费、医药行业，全线被爆炒到严重高估时。

（3）**更好的投资机会**。如果投资者发现了更好的投资机会，即其他资产的潜在回报高于当前持有的基金，且这些新机会的风险更低，那么卖出现有的好基金以投资于这些机会可能也是合理的。

当持有的好基金触发上述卖出原则之一后，投资者可以一键清仓，也可以分三等份分批卖出，或以其他适合自己的方法卖出。

第六节　指数基金的六大投资策略

指数基金投资是指投资者通过购买指数基金来复制特定市场指数的表现，是一种相对简单且成本较低的投资方式。以下是一些有效的指数基金投资策略。

一、股债平衡策略

股债平衡策略由格雷厄姆首次提出，即按照一定的比例，合理分配权益类资产和固收类资产的仓位，例如，"50%股+50%债"。同时，在市场波动的过程中定期调整，以保持两者的比例固定，即动态平衡。动态平衡需要卖出涨得多的，再补仓跌得多的，正是基于均值回归的原理。这在一定程度上实现了高抛低吸，还可以有效平滑投资组合的波动和风险。

如果以沪深300指数代表股票类资产、中证全债指数代表债券类资产，不考虑交易成本的前提下，将资产配置设定为50%股+50%债，每年末进行动态再平衡。从2005年1月1日到2023年12月31日该策略的回测情况如图4-4所示。

回测结果显示，每年末进行再平衡取得了381%的总收益率，大幅度跑赢了满仓沪深300指数的收益率，并且最大回撤从满仓沪深300指数的-65.9%，大幅减少至-25%，回撤低，收益高，持有体验好，这样投资者更容易拿得住。

年份	年度收益率			
	100%股	100%债	50%股+50%债 买入持有不动	50%股+50%债 每年末再平衡
2005	-7.70%	11.80%	2.10%	2.10%
2006	121%	2.80%	56.30%	61.90%
2007	161.50%	-2.40%	102.50%	79.60%
2008	-65.90%	15.90%	-51.70%	-25%
2009	96.70%	-1.40%	55.80%	47.70%
2010	-12.50%	3.10%	-8.40%	-4.70%
2011	-25.00%	5.90%	-15.80%	-9.60%
2012	7.60%	3.50%	6%	5.50%
2013	-7.60%	-1.10%	-5.20%	-4.40%
2014	51.70%	10.80%	36.10%	31.20%
2015	5.60%	8.70%	6.60%	7.20%
2016	-11.30%	2%	-7.10%	-4.60%
2017	21.80%	-0.30%	14.10%	10.70%
2018	-25.30%	8.80%	-14.90%	-8.20%
2019	36.10%	5%	24%	20.50%
2020	27.20%	3%	19.30%	15.10%
2021	-5.20%	5.60%	-2.10%	0.20%
2022	-21.60%	3.50%	-13.90%	-9.10%
2023	-11.38%	5.28%	-7.69%	-3.05%
年度最低收益率	-65.90%	-2.40%	-51.70%	-25%
年化收益率	6.90%	4.50%	5.80%	8.60%
总收益率	253%	132%	191%	381%

图 4-4　50%股和50%债回测情况

二、核心卫星策略

基金的核心卫星策略是指通过配置稳健的核心资产与灵活的卫星资产来实现投资组合收益增长和风险控制。通俗来说，就是将投资资金分为主要与次要两个部分，以稳住基本盘和积极进取为投资理念，把大部分资金放在核心中，小部分资金放在卫星中，力争在风险可控下获取相对稳健的长期收益。

（1）核心资产通常占投资组合的大部分，目的是提供稳健的长期回报。它们通常是风险较低、收益稳定的资产，比如债券基金、宽基指数基金等。

（2）卫星资产占投资组合的较小比例，用于追求超额收益和增加组合的收益潜力。这些资产可以是特定行业或主题的基金，如消费、医药、科技等。

投资者应根据自己的风险偏好确定核心与卫星资产的比例。保守型投资者可选择 80%的核心资产和 20%的卫星资产，稳健型投资者可选择 70%的核心资产和 30%的卫星资产，激进型投资者可选择 60%的核心资产和 40%的卫星资产。

如果以沪深 300 指数代表核心资产、中证白酒指数代表卫星类资产，不考虑交易成本的前提下，将资产配置设为 80%的核心资产和 20%的卫星资产，从 2010 年 1 月 1 日到 2023 年 12 月 31 日该策略的回测情况如图 4-5 所示。

类型	代码	名称	总收益	年化收益	最大回撤	极限套牢月	波动率/年	夏普比率
指数	000300	沪深300	-2.69%	-0.20%	-46.72%	67.93	21.73%	-0.13
指数	399997	中证白酒	+411.57%	+12.37%	-63.22%	59.83	31.67%	0.31
		组合收益	+80.10%	+4.29%	-44.42%	52.97	23.88%	0.07

图 4-5 80%核心资产和 20%卫星资产回测情况

如果以沪深 300 指数代表核心资产、中证白酒指数代表卫星类资产，不考虑交易成本的前提下，将资产配置设为 70%的核心资产和 30%的卫星资产，从 2010 年 1 月 1 日到 2023 年 12 月 31 日该策略的回测情况如图 4-6 所示。

如果以沪深 300 指数代表核心资产、中证白酒指数代表卫星类资产，不考虑交易成本的前提下，将资产配置设为 60%的核心

资产和 40%的卫星资产，从 2010 年 1 月 1 日到 2023 年 12 月 31
日该策略的回测情况如图 4-7 所示。

类型	代码	名称	总收益	年化收益	最大回撤	极限套牢.月	波动率.年	夏普比率
指数	000300	沪深300	-2.69%	-0.20%	-46.72%	67.93	21.73%	-0.13
指数	399997	中证白酒	+411.57%	+12.37%	-63.22%	59.83	31.67%	0.31
		组合收益	+121.50%	+5.84%	-43.96%	53.17	25.05%	0.13

图 4-6　　70%核心资产和 30%卫星资产回测情况

类型	代码	名称	总收益	年化收益	最大回撤	极限套牢.月	波动率.年	夏普比率
指数	000300	沪深300	-2.69%	-0.20%	-46.72%	67.93	21.73%	-0.13
指数	399997	中证白酒	+411.57%	+12.37%	-63.22%	59.83	31.67%	0.31
		组合收益	+163.00%	+7.15%	-45.35%	53.5	26.14%	0.18

图 4-7　　60%核心资产和 40%卫星资产回测情况

回测结果显示，核心卫星策略的收益介于单纯核心资产和单
纯卫星资产的收益中间，但是能够大幅降低回撤，总体回撤低，
持有体验比单独持有某一种资产体验好。

三、轮动策略

（1）大小盘指数轮动策略是指在大盘指数和小盘指数之间不
断切换、轮流持有。根据历史数据看，大小盘指数轮动，能够超
越基金的收益，但超额收益并没有非常显著。并且由于注册制下
市场出现快速扩容，该策略的效果越来越趋于平庸。

（2）行业指数轮动策略是指根据市场中不同行业在每一轮涨
跌周期中存在时间差的规律，进行阶段性品种轮换、力求始终持

有上涨的行业，从而达到投资收益最大化的一种策略。由于市场存在巨大的不确定，可以说股市中还没有人能够每次都精准切换到上涨中的行业，所以该策略属于理想很丰满、现实很骨感的策略，基本上没有多少实操意义。

（3）进攻和防御指数轮动策略是指把沪深 300 指数当成进攻性指数，把红利低波指数作为防御指数，在这两个指数之间进行切换轮动。比如，自 2021 年 2 月沪深 300 指数持续下跌了三年，下跌了 40% 多，而此期间红利低波指数则逆势上涨了 40% 多，这一跌一涨之间，如果能够做到完美切换，投资者就会获得超额收益。但是这种策略有一个重要的前提，就是必须沪深 300 高估而红利低波低估时，或者红利低波高估而沪深 300 低估时，才可以这样进行切换轮动。

四、网格策略

网格策略是通过固定间隔的点位区间，触发网格后机械式买卖，以获取指数波动带来的收益。简单说就是在一个震荡区间，将资金分成若干小份，将点位分成若干个小格子，在点位分别下跌至特定网格点位时，买入；等到上涨到特定网格点位时，再卖出。本质就是利用指数的上下波动，不断进行低买高卖，从而获得指数波动带来的收益。

我们以沪深 300 指数为例，以 3500 点为基准，100 点位网格间距，每上涨 100 点卖出一份，每下跌 100 点买入一份。按照这个方法，网格交易策略从 2024 年 1 月 1 日开始至 2024 年 4 月 30

日，共买入四份、卖出四份。

2024 年 1 月 2 日，收盘跌破 3400 点，买入 1 份。

2024 年 1 月 8 日，收盘跌破 3300 点，买入 1 份。

2024 年 1 月 23 日，收盘跌破 3200 点，买入 1 份。

2024 年 1 月 25 日，收盘涨回 3300 点，卖出 1 份。

2024 年 2 月 2 日，收盘跌破 3200 点，买入 1 份。

2024 年 2 月 6 日，收盘涨回 3300 点，卖出 1 份。

2024 年 2 月 19 日，收盘涨回 3400 点，卖出 1 份。

2024 年 2 月 29 日，收盘涨回 3500 点，卖出 1 份。

大家发现了没有，网格策略只适合长期在某个固定区间内震荡波动的情况，如果出现单边下跌就会越买越多被套牢（需要无限子弹），如果出现单边上涨就会很快卖光踏空。并且该策略资金利用效率不高，对于资金整体收益率的提高可忽略，唯一高兴的就是券商，频繁买卖给券商带来佣金收入。

五、定投策略

华尔街流传着一句话："要在市场中准确地踩点入市，比在空中接住一把飞刀更难。"定投策略弥补了只选择一个时间点买入和卖出的缺陷，投资者通过定期定额、定期不定额或者不定期不定额投资，可以减少市场波动的影响，均摊成本，使投资者更容易实现资产的稳定增长。可以说，定投策略是一种简单有效的投资方法，尤其适合希望达到长期财务目标的投资者。

（1）基金定期定额定投是一种初级定投策略，它是指在固定的时间、以固定的金额、自动扣款投资到指定基金中，在市场下跌周期获取更多的份额，在市场上涨周期的时候可以择机止盈，从而实现收益最大化并分散风险的一种投资方式。

假设一位投资者比较倒霉，从 2007 年 10 月 16 日上证指数6124 点进场开始定投沪深 300 指数，截至 2024 年 4 月 30 日定投收益是 25.42%，而同时期沪深 300 指数下跌 39%。

假设另一位投资者比较幸运，从 2008 年 10 月 28 日上证指数1664 点进场开始定投沪深 300 指数，截至 2024 年 4 月 30 日定投收益是 25.43%，而同时期沪深 300 指数上涨 110%。

假设另一位投资者更幸运，从 2006 年 6 月 6 日上证指数 998点进场开始定投沪深 300 指数，截至 2024 年 4 月 30 日定投收益是 29.95%，而同时期沪深 300 指数上涨 156%。

通过上边回测可以看到，定投时间点对总体收益率影响不大，从顶部开始定投能够大幅度跑赢同时期的指数表现，从底部开始定投会大幅跑输同时期的指数表现。并且定投的回报率在市场一路下跌、先跌后涨、频繁波动等情况下都会高于一次性买入，只有在市场一路上涨的情况下，定投的回报率会低于一次性买入。

（2）基金定期不定额定投策略是一种中级定投策略，它是指投资者在固定的时间，根据相关模型或系统以不定额（跌了多买，涨了少买），手动或自动买入目标基金，从而在市场底部多收集筹码，在市场上涨周期择机止盈，达到收益最大化并分散风险的一种投资方式。这种定投的回报率会高于定期定额定投的策略。

（3）基金的不定期不定额定投策略是一种高级定投策略，它是指投资者根据相关的模型或系统，只要触发指令将立即以最初设计的金额手动买入目标基金，在底部多收集筹码，在市场上涨后逐步止盈，从而实现风险分散并收益最大化的一种投资方式。这种定投策略的回报率会比上面两种定投策略高（见图4-8）。

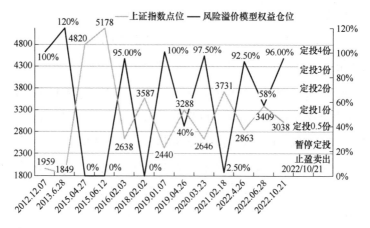

图 4-8　风险溢价定投模型

六、低估区域分批买入，合理区域耐心持有，高估区域分批卖出的策略

这种策略是指当目标指数进入低估区域后，开始手动或自动分批买入目标基金，在底部多收集筹码，在市场上涨走出低估区域后暂停买入，当市场进入合理区域后耐心持有，直至市场进入高估区域分批卖出止盈，从而实现风险分散并收益最大化的一种投资方式。

以上就是指数基金投资的几种常见策略，每种策略都有其优缺点，适合不同类型的投资者。投资者应根据自身情况选择适合自己的策略，并持续学习和适应市场变化。

第七节　透过中证白酒 10 年 20 倍看医药集采带来的机会

消费和医药是沪深两市最具有确定性的两个长牛赛道。

消费和医药这两个行业都对应了人类最基本的需求，人类自出生来到世界上，无时无刻不需要消费，而随着年龄的增长，各种疾病也会到来，生老病死这是生物的自然规律，任何人也不能逃脱。我国属于人口大国，具有显著的人口红利，使得这两大行业天然具备庞大的客户规模。随着社会的发展，未来在经济水平持续提升、消费结构升级、人口老龄化加深的背景下，人类生活必然会越来越好，对品质和健康的追求也会越来越高，这必然会支撑消费医药长期向好的发展趋势。消费医药还是 A 股市场存在的最佳商业模式最多和确定性投资机会最大的两个行业，并且这两个行业基本没有周期性。

好行业自然牛股辈出，如白酒行业的茅台和医药行业的恒瑞等都是大牛股；好行业自然对应了好的行业指数基金，如全指消费、全指医药等。

俗话说擒贼先擒王，白酒行业是消费行业中商业模式最好、竞争格局最好、确定性最强、文化底蕴最佳的子行业，白酒就是消费之王。回看历史，中证白酒从 2009 年的 1000 点起步，2021 年最高涨至 21663 点，最高涨幅 20 多倍，截至 2023 年 12 月 29 日中证白酒收盘 12609 点，依然上涨了 10 多倍。而同时期的中证消费最高涨幅仅仅 10 倍，远远低于中证白酒最高 20 倍的涨幅，所以说中证白酒是当之无愧的消费之王。

全指医药则代表了医药行业的整体表现，全指医药从 2005 年的 1000 点起步，2021 年最高涨至 16906 点，最高涨幅接近 17 倍。截至 2023 年 12 月 29 日全指医药收盘 9631 点，依然接近 10 倍。可见医药虽然稍微逊色于白酒行业，但也是长期确定性上涨的好行业。

可以说，消费和医药是所有投资者不能忽视的两个长牛赛道，这两个赛道值得长期跟踪，如出现历史性机会，投资者一定要及时出手，把握机遇。

在 2012 年白酒行业的"塑化剂事件"和"限制三公消费"等影响下，市场上对白酒行业产生信任危机，同时市场流传着未来没有人会喝白酒的论调，白酒公司业绩出现大幅下滑。自此，中证白酒开启暴跌之路，从最高的 4422.93 点一路下跌至 1579.10 点，最大跌幅为 64%（见图 4-9）。

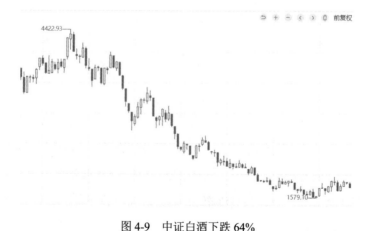

图 4-9　中证白酒下跌 64%

经过这一轮腰斩有余的暴跌，中证白酒已经充分体现了所有的利空及悲观预期，随后中证白酒绝地反击开启了 10 年 20 倍的暴涨之路，中证白酒指数从 1579.10 点一路暴涨至 21663.85 点，上涨了 10 倍有余（见图 4-10）。

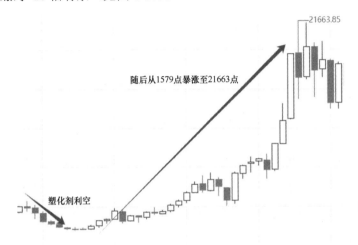

图 4-10　中证白酒的暴涨之路

事实再次证明，只要是好行业的指数基金偶遇黑天鹅事件，导致行业指数基金大跌，当跌得惨不忍睹的指数点位已经充分体现了悲观预期时，往往都是投资者入场的好时机。

如今的医药、医疗等行业在集采的影响下，持续下跌三年多，相关的行业指数下跌了 50%～70%，此时此刻的医药指数大概率已经充分体现了悲观预期，也许现在就是配置医药行业的最佳时机。比如，全指医药从 2021 年的 16906 点，下跌至 2024 年的 7486 点。下跌时间三年多，下跌空间为 56%，这个下跌时长和下跌空间，大概率已经体现了现在所有的行业利空及悲观情绪（见图 4-11）。

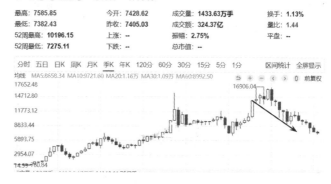

图 4-11　全指医药季 K 线图

比如，中证医药从 2021 年的 17718 点，下跌至 2024 年的 6977
点。下跌时间三年多，下跌空间为 60%，这个下跌时长和下跌
空间，大概率也已经体现了现在所有的行业利空及悲观情绪（见
图 4-12）。

图 4-12　中证医药季 K 线图

比如，300 医药从 2021 年的 20349 点，下跌至 2024 年的 7079 点。下跌时间三年多，下跌空间为 65%，这个下跌时长和下跌空间，大概率也已经体现了现在所有的行业利空及悲观情绪（见图 4-13）。

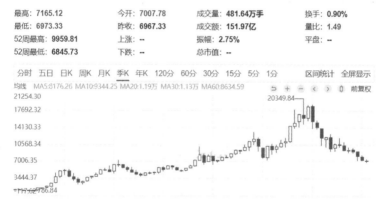

图 4-13　300 医药季 K 线图

比如，生物医药从 2021 年的 7181 点，下跌至 2024 年的 1812 点。下跌时间三年多，下跌空间为 75%，这个下跌时长和下跌空间，大概率也已经体现了现在所有的行业利空及悲观情绪（见图 4-14）。

比如，中证医疗从 2021 年的 19992 点，下跌至 2024 年的 5633 点。下跌时间三年多，下跌空间为 72%，这个下跌时长和下跌空间，大概率也已经体现了现在所有的行业利空及悲观情绪（见图 4-15）。

图 4-14　生物医药季 K 线图

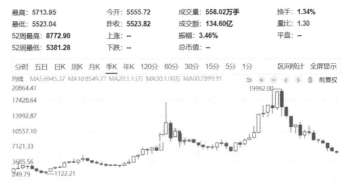

图 4-15　中证医疗季 K 线图

　　市场上，好行业每次遭遇利空，投资者都是吓得要死要活，认为天要塌下来，可是每次天都没有塌下来。看似这次不一样，其实每次都一样，现在医药受集采的影响就是曾经白酒利空的翻版。

从中长期视角看，随着我国逐步进入老龄化社会，再叠加我国经济长期持续增长的趋势，医药行业的中长期刚性需求将不断提升，将会持续性、确定性地利好整个医药行业。如今，随着医药行业的各种利空落地，短期的医药可能充满了惊恐，但是长期的医药可能就是星辰大海，反而利于医药走得更长远，同时整个医药板块的估值基本上处于历史低估区间。

物极必反、否极泰来，我相信医药的冬天即将过去，春天马上会来临。

第八节　我的基金实盘

我有三个基金实盘，一个是清北计划亲子定投实盘，另一个是雪球基金步步高基金实盘，最后一个是蚂蚁基金（支付宝）实盘。这三个实盘我都会在"ETF 拯救小散"公众号同步交易情况，同时每个周末也会在"三年一倍"公众号的周记做总结。

一、清北计划亲子定投实盘

这个实盘的主要目的就是给孩子上大学或婚嫁储备资金，大家可以关注我的"ETF 拯救小散"公众号了解详细持仓及实时更新动态。

二、雪球基金"步步高基金定投"实盘

雪球基金"步步高基金定投"是一个股债均衡性策略，通过

在全市场筛选优秀的主动型和被动型基金，灵活配置债券基金、股债混合基金和主动权益基金。投资于固收类基金产品（债券基金）的比例为 25%～35%，投资于权益类基金产品（含股票型、中高权益混合型基金）的比例为 65%～75%，投资于货币基金比例不多于 5%。我们可以通过多资产配置管理，以适应不同市场环境，尽量做到降低波动，控制最大回撤，鼓励长期持有，追求资产净值的长期增值。

大家可以关注我的"三年一倍"公众号了解详细持仓及实时更新动态。

三、蚂蚁基金实盘

蚂蚁基金（支付宝）实盘自 2024 年 1 月 1 日开始，主要策略是低估买入、耐心持有、高估卖出，做大周期波段。大家可以在我的公众号中了解详细持仓及实时更新动态。

三个基金实盘，我会长期做下去，慢就是快，复利增长，如果有喜欢基金定投的朋友，可以一起来滚雪球，一起慢慢变富。

第五章

投资中风险防控的
关键

第一节　系统性风险

　　系统性风险指由能够影响整个股票市场的共同风险因素引起的投资风险。系统性风险往往会对整个股票市场的指数和绝大多数的个股带来较大的负面影响，系统性风险发生时，股票价格会出现大面积下跌，大部分投资者将遭受重大损失。

　　在股市中的系统性风险，我们也可以简单地理解为大盘风险。一般来说，股票市场里的系统风险主要包括以下几种：地缘政治风险、宏观经济政策风险、金融政策风险、资金流动性风险、市场风险。

一、地缘政治风险

　　地缘政治风险是指由于国际政治矛盾、紧张关系、战争、制裁等突发事件导致的市场剧烈波动的不确定性风险。这种突发性风险可以迅速影响股市，改变投资者的风险偏好和市场预期，从而对股票价格产生显著影响。比如，在 2022 年 2 月 24 日俄罗斯宣布对乌克兰采取特别军事行动，随后俄罗斯 MOEX 指数暴跌至最低的 1681 点。

二、宏观经济政策风险

　　当宏观经济政策发生变化，上市公司的经营无一例外地要受其影响，进一步会导致上市公司业绩发生巨大变化，这种风险会引起上市公司的估值变化，从而引起股市全面的波动。比如，在1929 年发生的华尔街股灾，就是因为美联储为了抑制股市的过度投机行为，采取了一系列紧缩政策，最终引发了股市的大崩溃。美国道琼斯工业指数从最高的 380 点跌至 1932 年最低的 42 点，跌幅接近 90%。

三、金融政策风险

金融政策风险是指政府或金融监管机构的政策调整、法规变化或政策执行等因素引起的市场波动和不确定性。这些风险可能源于货币政策、财政政策、监管政策等多个方面，当这些方面发生变化，往往会影响市场风险偏好，并产生反馈效应。比如，在2008 年管理部门为了抑制股市的过度投机行为，而采取连续加息和提高存款准备金率及暂缓新基金审批等一系列措施，同时叠加次贷危机引起的全球金融危机，最终引发股市大暴跌。上证指数从最高的 6124 点，一路狂跌至 1664 点，最大跌幅为 73%。

四、资金流动性风险

资金流动性风险是指在某个特殊时间内，投资者可能难以迅速买入或卖出股票而不对市场价格产生显著影响的风险。比如，2015年 6 月，股市因资金去杠杆政策刺破泡沫，从而引起资金流动性风险，股市中绝大部分股票天天无量一字板跌停，指数一度开盘后瞬间熔断，最终在国家队出手救市后股市恢复流动性而企稳。上证指数从最高的 5178 点，直线下跌至 2638 点，最大跌幅为 49%。

五、市场风险

市场风险是股市中最常见的风险，是指由证券价格波动直接引起的整个股市或大部分股票的跟随涨跌的风险。这种风险的来源包括过度投机形成的泡沫、投资者盲目从众的行为等。比如，2021年核心资产因为过度投机，估值被爆炒到极度非理性的位置，随后泡沫破裂，进而引发大盘和绝大部分股票跟随下跌。本轮下跌核心资产股价腰斩和双腰斩的比比皆是。

在全球股票市场，系统性风险是时有发生的事情。近几年，我国股市也发生了几次比较受外界关注的系统性风险事件。系统性风险一旦发生往往对股市影响比较大，一般很难用市场行为来化解，但投资者还是要尽量地通过公开的信息，结合对国家宏观经济的理解，做到提前预测和防范，调整自己的投资策略，具体有以下两条应对建议。

（1）投资者需要对股市保持敏锐的感知度，通过公开的信息，结合对国家宏观经济、金融政策、地缘政治的理解，做到提前感知和及时防范。正如利弗莫尔所言："当我看见一个危险信号的时候，我不跟它争执。我躲开！几天以后，如果一切看起来还不错，我就再回来。"

（2）我们做投资需要把资金分别配置在不同类别的资产上，除了股票以外，还可以配置不动产、黄金、债券等资产，一旦股市系统性风险来临，不动产、债券、黄金等资产就会成为我们投资的避风港。

股市的系统性风险是投资者必须面对的重要风险之一，通过深入理解系统性风险，以及采取适当的风险管理措施，投资者也可以更好地应对市场波动，以尽量避免投资过程中不必要的损失。

第二节 防范局部风险

股市中的局部风险，又称为非系统性风险或结构性风险，是指影响某家公司或者某个行业的风险。对于某家公司而言，上市公司经营管理的问题、财务状况的稳定性等都会在一定程度上影响到个股股价的变化，进而触发股市局部的个股风险；对于行业而言，行业整体市场需求的波动、行业内部的技术革新、行业外部的政策变化等都有可能引起行业内上市公司股价的异常波动，从而导致股市局部的行业风险。由于此类风险主要集中在某个行业与个股层面，一般不会给整体市场带来特别大的冲击，但是可以给局部的行业、个股带来较大的波动。

一般来说，股票市场里的局部风险主要包括以下几种：行业政策风险、技术革新风险、产业周期风险、经营风险、财务风险、道德风险。

一、行业政策风险

行业政策风险是指当某个行业政策发生变化，对该行业的上市公司的经营产生影响时，此时所有企业的经营都无一例外地要受其影响，进一步会导致上市公司业绩发生变化，从而引起该行业上市公司股价出现剧烈波动的风险。比如，曾经教育行业的"双减政策"令教育行业的上市公司股价产生了巨大波动；曾经医药行业的"集采政策"令医药行业的上市公司股价也产生了巨大波动；曾经新能源汽车行业的"补贴刺激政策"更是令新能源汽车行业的上市公司股价产生了大幅的波动。

二、技术革新风险

技术革新风险是指当某个行业出现技术革新时，相关行业的上市公司会受重大影响的风险。比如，智能手机的普及和应用，对传统手机行业产生了颠覆性的影响，传统手机行业的上市公司受到了毁灭性的冲击，而智能手机相关行业却迎来了快速爆发式发展。

三、产业周期风险

产业周期风险指当某个行业的产业周期发生变化时，会对相关行业上市公司的经营业绩产生影响，从而会引起该行业上市公司股价发生波动的风险。比如，当周期性行业的扩张周期到来时，相关上市公司的业绩会迅速提升，从而引起股价快速上涨；反之，当周期性行业进入下行收缩周期，相关上市公司的业绩会迅速下滑，从而引起股价快速下跌。

四、经营风险

经营风险是指某家上市公司经营不景气，甚至倒闭而给投资者带来损失的风险。比如，每年有很多因经营不善而退市的上市公司，相关投资者就可能被动承担重大损失。

五、财务风险

财务风险是指某家上市公司因筹措资金或公司财务结构的不合理而产生的风险，即公司可能丧失偿债能力的风险。比如，某上市公司由于长期财务造假被曝光，而使得公司股价暴跌最终退市；某房地产公司由于长期高杠杆经营，在最近几年房价下跌后杠杆崩盘，最终公司退市破产。

六、道德风险

道德风险是指某家上市公司管理者的不道德行为给公司股东带来损失的风险。比如，某家上市公司的前董事长因触犯刑法被抓，随后公司股价连续一字跌停板。

股市中的局部性风险相对于系统性风险来说，会更加容易防范，有以下三条防范措施。

（1）我们要选择好行业，优先选择行业逻辑清晰、具有良好发展前景、稳定增长潜力、较高盈利能力和较低风险的行业。

（2）我们要选择好公司，精选那些商业模式清晰、核心竞争能力强、长期盈利能力较强、公司治理水平出色的各个行业的龙头公司。

（3）我们要分散投资、组合投资，用分散持仓的方式来规避这种不确定风险的发生。

股市的局部风险是投资过程中不可避免的一部分，通过优选好行业、精选好公司和分散投资策略，投资者可以显著降低这类风险对投资组合的影响，并在股市中实现稳健的长期回报。

第三节　避免本金永久性损失的风险

格雷厄姆曾教导巴菲特两条投资的定律：第一条，永远不要亏损；第二条，永远不要忘记第一条。其实，这两条定律的真正含义就是，在投资过程中投资者首先考虑的不应该是赚钱，而是如何避免自己的本金损失。这里所指的本金损失，是指本金的永久性损失。

投资者在股市投资中可能面临的本金损失是长期性的、无法通过市场的自然波动来恢复的风险。一般情况下，常见的本金永久性损失风险会来自下面五种情况。

一、第一种情况

当所持有标的投资逻辑被完全被颠覆，已经失去原有的投资价值所造成的本金永久性损失。比如，某上市公司所处的行业发生技术革新，该公司原业务被颠覆，最终导致公司退市；这时如果前期投资了 100 万元，退市后将会归零，这 100 万元投资最终血本无归，再也回不来了。

二、第二种情况

当投资者上了不合理的杠杆，在某些特殊情况下被迫卖出所造成的本金永久性损失。比如，在 2015 年绝大部分股票出现暴跌行情，即使当时持有的是优质核心资产也不能幸免，如果当时上了不合理的杠杆将会被迫卖出，从而造成本金的永久性损失。

三、第三种情况

在极端高估的高市盈率时买入，随后的估值下降所造成的本金永久性损失。比如，某上市公司发行时有 51 倍市盈率，开盘后再次被炒作上涨最终达到 500 倍市盈率，随后遭遇戴维斯双杀，股价跌去了 97%，如果在市盈率最高时买入后，就会造成的本金永久性损失。

四、第四种情况

当某些特殊事件造成上市公司利润突发暴增，或者在周期行业上市公司的利润历史最好时买入，随后公司利润下滑所造成的本金永久性损失。比如，疫情期间，某上市公司大幅受益从而公司利润暴增，如果在业绩最好时买入，随后疫情过去引起业绩大幅下滑所造成的本金永久性损失。

五、第五种情况

在市场的底部区域时，部分投资者承受不了市场的价格波动导致心理崩溃而主动割肉，将浮亏转化为实亏，人为地造成了本金的永久性损失。股市中的价格时时刻刻在波动，可能短期会跌但也会涨回来，股价波动的风险是投资者必须承担的。但总是有部分投资者在深度熊市里，看着媒体每天报道的坏消息，看着指数每天都在下跌，他们感受到的风险很高，此时纷纷底部割肉，人为地造成了本金的永久性损失。然而此时此刻大盘的估值和好公司的估值都被打到地板上，真实风险其实非常低，实际的潜在回报远高于所感受到风险。比如，2018 年股市在中美贸易摩擦和国内去杠杆叠加下，指数从年初跌至年尾，在那个当时看来昏天暗地的至暗时刻割肉的投资者，都人为造成了本金的永久性损失。

以上就是投资中比较常见的几种本金永久性损失的风险，了解、认识、防范本金性永久性损失的风险对我们投资来说至关重要。在投资过程中，我可以肯定地说，造成本金永久性损失的风险是我们投资者唯一需要担心的风险。我们投资者应加强本金的永久性保护，而不仅仅是关注短期的浮亏，应该时时刻刻避免本金永久性损失的发生！

第四节　基本面排雷技巧

基本面排雷是指在投资决策过程中，通过对公司的行业背景地位、商业模式、综合管理能力、财务状况、估值百分位等基本面进行深入分析，以识别和规避可能对投资产生负面影响的上市公司，从而避免可能导致本金永久性损失的风险。

一、看行业背景地位

选上市公司前，一定要先选行业。

（1）要排除行业空间规模小、行业总量见顶向下、产业趋势向下以及没有进入门槛等的行业。

（2）要排除容易造假的农、林、牧、渔行业的绝大部分公司。

（3）要排除处于行业排名前三名以外没有行业地位的公司。

二、看商业模式

排除那些商业模式复杂、重资产、高杠杆、没有护城河、没有核心竞争力、没有定价权等要素的上市公司。

三、看综合管理能力

排除管理层没有战略规划、没有执行能力、不诚信、不道德、不团结等因素的上市公司。

四、看财务状况

排除财务异常、财务不健康的上市公司。

（1）排除资产负债率过高的上市公司。

（2）排除经营现金流持续为负的非初创期上市公司。

（3）排除扣非净利润为负数、ST、*ST 的上市公司。

（4）排除 ROE 低于 15%的上市公司。

（5）排除有息负债占比高的上市公司。

（6）排除毛利率大幅异常于同行可比上市公司的公司。

（7）排除其他应收款与主营业务产生的债权相比数额过大的上市公司。

（8）排除应收账款占比高、账龄长且周转慢的上市公司。

（9）排除预付账款占比高且账龄长的上市公司。

（10）排除存货占比大幅异常于同行可比上市公司的公司。

（11）排除存贷双高（指货币资金和短期贷款都很高）且货币资金利息收益率远低于七天通知存款利率的上市公司。

（12）排除境外收入占比极大或境外收入为主要营业收入的上市公司。

（13）排除商誉余额高且占比高的上市公司。

（14）排除实际控制人质押比例过高的上市公司。

（15）排除大额关联交易占比高及严重依赖关联交易或隐瞒关联交易的上市公司。

（16）排除坏账准备计提比例显著低于同行业竞争对手的上市公司。

（17）排除大股东主要是信托、投资公司为主，或过度集中在相关联的亲戚手里的上市公司。

（18）排除从来不分红的"铁公鸡"或者分红非常少的上市公司。

（19）排除审计报告没有被出具标准无保留意见的上市公司。

（20）排除无法按时发布财报、频繁更换会计事务所、独立董事集体辞职等的上市公司。

五、看估值百分位

排除周期行业扣非动态市净率处于近 10 年 90%分位以上的

上市公司和非周期行业动态市盈率近 10 年 90%分位以上的上市公司。

基本面排雷是一个复杂而持续的过程，需要投资者具备一定的宏观经济分析能力和财务知识。在实际操作中，投资者可以结合多种方法和工具以更有效地识别和规避潜在的投资陷阱，从而尽量避免本金永久性损失的发生并提高投资回报。

第五节　永远不要上杠杆

古希腊科学家阿基米德有这样一句流传千古的名言："假如给我一个支点，我就能把地球挪动！"这就是杠杆原理。但是，在股市中杠杆是把双刃剑，既能伤人又能伤己。如果舞不好，受伤的往往是自己，轻则损伤元气，重则永不翻身。遗憾的是股市中 99%的投资者舞不好这把双刃剑，所以就有了本节的标题：永远不要上杠杆。

上杠杆本质上还是贪婪的人性，无非就是想快速赚钱，认为自己赚钱慢而已。但杠杆本身不能提升确定性，也不能提高正确率，只是放大了盈亏，同时放大了恐惧和贪婪，最终直接放大了波动。在股市中永远不要上杠杆最主要的原因是，你永远不知道股市会疯狂波动到什么地步。甚至可以毫不夸张地说，市场持续非理性的波动远远大于你不会被爆仓的波动底线。巴菲特曾说：如果你不能承受股价下跌 50%，那么你就不适合做股票投资。这说明美股的波动性很大，个股回撤 50%并不稀奇。

其实，A 股的波动性也很大，它可以从 2245 点跌至 998 点，随后它可以从 998 点再上涨至 6124 点，接着还可以从 6124 点下跌至 1664 点。其中，A 股在 998 点上涨至 6124 点的过程中曾五个交易日从 4400 点跌至 3400 点，暴跌 1000 点，单日最大跌 330 点，跌幅超过 8%，A 股就是这么任性。

这是 A 股的波动性，个股的波动性就更大了，个股腰斩、双腰斩比比皆是。在这种情况下，如果你没有上杠杆，假设被套，那么可以卧倒装死硬扛，也就暂时浮亏 30%～50% 而已；如果运气差到极限了，买在 6124 点，卖在 1664 点，也才损失 70%。但是，如果你加了杠杆，很可能早早就爆仓归零。即便随后指数反转大涨，也已经和你没任何关系了。

回顾历史，有太多太多使用杠杆而发生不幸的例子。一代投机大师杰西·利弗莫尔的投资生涯多次大起大落，他一生都是从事高杠杆投资，最终他在第三次破产后开枪自杀。因上杠杆发生大幅亏损的例子还有很多很多，定投群的小伙伴甲曾分享了他自己的一个案例，值得我们一起学习参考。

小伙伴甲的案例

今天我现身讲个失败的例子，分享给大家，给大家参考避坑：我以每股 210 港币清掉了 2/3 的腾讯仓位。2022 年亏了 100 万元；我从每股 500 多港币买，一路坚守，没想到倒在了黎明前。自诩价值投资，但还是难以抵抗恐惧，现在反思。

（1）在下跌趋势过早加仓，当股价跌到 300 港币时，已经觉得市场不理性了，在 300 港币以下动用了融资上了杠杆，自己测算极限下跌的话很难跌破 250 港币，但熊市不言底，这次真没想到市场竟然如此极端。所以真的不要用融资上杠杆，市场的非理性超出你的想象！用融资上杠杆的另外一个坏处是，在极端下跌中，心态会失衡，心态崩溃会影响你的智商。

（2）还是要多维度综合判断更稳妥，我以前不屑于技术分析，但趋势分析可以在关键的时候保护你，不要在下跌趋势中加仓。

（3）不要单投一只股票，哪怕你非常了解这家公司。

（4）不要高估你的承受力，也不要低估市场的极端。

最近我一直在学习、反思，这个学费太贵了。我在腾讯干了多年，我非常了解公司的情况，也经常听中高层的内部分享。但熬了这么久，我竟然在底部割肉，这是我之前不可想象的！因为那时候外面全部都是利空，并且上了融资。心态很重要，心态崩了，真的会影响智商。以前每次暴跌，我都无所谓的，根本不看股价，港股账户融资利率低，而且不用展期；被诱惑上了融资，心态确实失衡了；我以为我能对抗人性，但我高估了自己，也低估了市场。

对我的教训：看来投资第一点，就是千万不能用融资。自有资金的话实在不行，可以装死躺平，融资的话压力巨大。贪婪、恐惧，在资本市场，人性中的弱点会被无限放大，千万不可考验人性。我同事有在 500 多港币爆仓的，有在 300 多港币爆仓的，我认为我已经非常谨慎了，没想到市场如此极端。腾讯的股价跌到 300 港币的时候，我也认为是见底了，跌到 250 港币时，我觉得市场疯了，不可能再低了，以我对公司的了解，真难以想象能跌到 1 字头。

买在无人问津之时，卖在人声鼎沸之际，这真的太难做到了，人性的弱点真的很难克服。假设我当时坚持的话，其实不会爆仓，我爆仓位大概在 150 港币左右，但当时实在担心会跌下去。我公司的一个技术大牛，很年轻就做到了部门领导，本来前途无量，没想到也倒在了融资上。他应该是在股价跌到 300 多港币爆仓的，也是重仓腾讯。爆仓上了新闻头条，随后离职了。这都是血的教训，爆仓后一无所有了，实在没想到腾讯能跌到这个地步。

所以，不要靠想象做投资，永远不要上杠杆，要有纪律，坚守纪律。这都是真金白银换来的血淋淋教训，希望我亏损 100 万元换来的教训能给群友们一点启发。降低预期，现在还是要调整好心态。不能因为这次的失败就对市场灰心，吸取教训，机会一直有。

查理·芒格说过：要是知道我将来会死在哪里就好了，那我将永远不去那个地方。我认为对于绝大部分投资者来说，上杠杆就是芒格所说的那个地方。所以，普通投资者请永远不要上杠杆。假设，你觉得你有能力，还是想上杠杆。那么，当你上杠杆之前可以先问下自己：自己的自有资金你能够稳健获利吗？如果自己的自有资金都不能保证稳健获利，那么凭什么融资的钱就能够获利呢？

永远不要上杠杆，这是股市投资过程中惨痛教训的总结。这一条应作为我们投资要铭记的最强忠告，永远牢记在心，并且永远都不要去犯这样的错误。

第六节　分散投资应对黑天鹅事件

古人云：天有不测风云，人有旦夕祸福。这句话意思是说，有些灾祸的发生，事先是无法预料的。把这句话放在股市，也就是说股市里不确定性（黑天鹅）事件的发生，事先是无法预料的。

2008 年由美国次贷危机引发的全球金融危机就是现代金融市场最显著的黑天鹅事件之一。这场危机导致了多家大型金融机构倒闭，全球股市暴跌，经济陷入衰退。

2011 年重庆啤酒飞出一只"黑天鹅"，该公司因为乙肝疫苗项目失败而导致股价连续出现十个一字板跌停，其股价从前复权的68.19 元的高点一路下跌至前复权的 16.54 元，投资者因此遭受了巨大的损失（见图 5-1）。

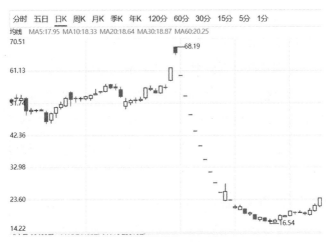

图 5-1　重庆啤酒黑天鹅事件

虽然说，股市中的黑天鹅事件是一种小概率事件，但是任何人都无法预测它何时会发生，这种不确定性事件对投资者来说是一种非常重大的投资隐患。同时，每个人都会有自己的认知边界及认知缺陷，有时候不知道自己不知道，有时候会犯愚蠢的低级错误，有时候会固执地自信，这些都是人性固有的弱点，永远改变不了的。

为了避免黑天鹅事件和人性的固有弱点造成投资本金的永久性损失，最好的办法就是分散投资。诺贝尔经济学奖获得者哈里·马科维茨认为，分散投资可以在不牺牲预期收益的情况下降低风险水平，所以对投资者而言，是唯一的免费午餐。

分散投资是指通过在不同的资产类别、不同市场、不同行业、不同时间分配投资来降低投资风险。简单来说，就是大家常说的"不要把鸡蛋放在同一个篮子里"。当然，分散投资也不是说要把资金平均分配到每个资产类别中。而是要根据自己的风险承受能力和投资目标，合理配置资产。

（1）**不同资产类别分散**。投资者应在股票、债券、现金、房地产、黄金等相关性低的不同类型的资产之间分配资金。这时假设某一资产类别遇到黑天鹅事件，其他投资品种一般不会受影响，从而能够降低整体投资组合的风险水平，提高整体投资组合的稳定性和回报。

（2）**不同市场分散**。投资者可以在发达市场和新兴市场之间分散投资，因为它们可能受到不同的经济周期和政策变化的影响。这几年我国 A 股市场持续回调，部分国外股市在上涨，这时如果能够在不同市场分散配置资产，那么会大大提高投资组合的稳定性，从而获得更好的持有体验。

（3）**不同行业分散**。投资者在不同行业和公司中投资，可以降低特定行业或公司出现问题时的风险，同时可以减少因行业特定风险或公司特定事件而导致的损失。比如，这几年医药行业因集采出现持续下跌，而高股息的红利行业受到避险资金的追捧持续上涨，这时如果全仓医药行业，那么将会遭受重大损失且持有体验会很煎熬，如果分散配置到不同的行业，那么持有体验会好很多。

（4）**不同时间分散**。投资者通过定期定投或者不定期定投的方式来分散进入市场的时间点，以降低因市场短期波动而造成的投资风险，从而减少市场时机选择对投资回报的影响。

分散投资切不可过度分散，过度分散可能导致投资组合收益的下降。投资者应尽量根据自己的实际情况做到：**合理分散，适度集中**。投资者为了应对黑天鹅事件或者为了避免因为个人认知而过分乐观，确实需要合理分散。但好的投资机会或者优秀的好公司总是少之又少，如遇到了尽量不要放过，这就又要求我们适度集中。合理分散、适度集中，看似矛盾，实则对立统一，每个人需要根据自己的风险承受能力自己把握这个度。

总之，分散投资是一种非常有效的投资风险管理策略，对于投资者来说具有很高的实用价值。通过分散投资，投资者可以降低风险、提高投资组合的稳定性以及增强持有体验。但分散投资并不能够完全消除风险，它仅仅为投资者提供了一个策略，以更加稳健的方式参与市场而已。投资者做投资一定还是要用闲钱，闲钱才能更好地面对各种不可预期的风险。

第七节　仓位控制策略

在投资的世界里，我们时刻都在寻找投资的圣杯，试图找到一种一劳永逸、一夜暴富的投资秘籍。然而，不论我们找到了，还是没有找到，也不论我们采用何种投资方法，最终决定我们投资结果的往往是一些最基本，却也最容易被忽视的因素，首要的就是仓位控制。

仓位控制是指根据市场状况、个人风险偏好和投资策略来对自己的持仓进行合理的控制。我们常说的轻仓、重仓、满仓、上杠杆和清仓等均是仓位控制的一种表述。

仓位控制的目的是降低风险、保护本金，并在不同市场条件下追求合理的回报。前面章节我曾写过，我们进入资本市场，首先考虑的不应该是赚钱，而是如何避免自己的本金永久性损失。而资本市场的系统性风险和黑天鹅事件等不确定性事件的发生，往往会带来不可避免的本金永久性损失。为了避免这种情况的发生，仓位控制就显得尤为重要。

假设，我们持有的一只个股发生了黑天鹅事件，连续跌停直接退市，如果这时重仓，或者满仓，那么就会损失惨重，但如果仅仅持仓 10%或者 20%，即使该公司退市，最多也就是损失 10%或 20%而已，这样不会伤筋动骨。

我们先学习一个本金亏损后的剩余资金回本所需涨幅的公式：1/（1-亏损幅度）-1=回本所需涨幅。

比如亏损 5%，1/(1-5%)-1=5.26%，也就是要涨 5.26%才回本。

比如亏损 10%，1/(1-10%)-1=11.11%，也就是要涨 11.11%才回本。

比如亏损 15%，1/(1-15%)-1=17.65%，也就是要涨 17.65%才回本。

比如亏损 20%，1/(1-20%)-1=25%，也就是要涨 25%才回本。

比如亏损 25%，1/(1-25%)-1=33.33%，也就是要涨 33.33%才回本。

比如亏损 30%，1/(1-30%)-1=42.86%，也就是要涨 42.86%才回本。

比如亏损 35%，1/(1-35%)-1=53.85%，也就是要涨 53.85%才回本。

比如亏损 40%，1/(1-40%)-1=66.67%，也就是要涨 66.67%才回本。

比如亏损 45%，1/(1-45%)-1=81.82%，也就是要涨 81.82%才回本。

比如亏损 50%，1/(1-50%)-1=100%，也就是要涨 100%才回本。

比如亏损 55%，1/(1-55%)-1=122.22%，也就是要涨 122.22%才回本。

比如亏损 60%，1/(1-60%)-1=150%，也就是要涨 150%才回本。

比如亏损 65%，1/(1-65%)-1=185.71%，也就是要涨 185.71% 才回本。

比如亏损 70%，1/(1-70%)-1=233.33%，也就是要涨 233.33% 才回本。

比如亏损 75%，1/(1-75%)-1=300%，也就是要涨 300%才 回本。

比如亏损 80%，1/(1-80%)-1=400%，也就是要涨 400%才 回本。

比如亏损 85%，1/(1-85%)-1=566.67%，也就是要涨 566.67% 才回本。

比如亏损 90%，1/(1-90%)-1=900%，也就是要涨 900%才 回本。

比如亏损 95%，1/(1-95%)-1=1900%，也就是要涨 1900%才 回本。

比如亏损 99%，1/(1-99%)-1=9900%，也就是要涨 9900%才 回本。

不要认为损失 99%的概率很小，有时候就是一瞬间的事情。2024 年 4 月 10 日尾盘三只港股跳水，其中一只跌幅为 99.04%，如果有投资者重仓或满仓了该股票，那么想回本基本上遥遥无期了。

有亏损的读者，自己可以按照这个公式计算一下，看看自己浮亏的股票还要涨多少才能回本。我强烈建议所有读者，一定要把下边的这张亏损回本涨幅表打印出来（见图 5-2），贴到你做交易的电脑旁边，随时可以看到，时刻提醒自己：尽量不要亏损，尽量不要亏损，尽量不要亏损。

亏损回本涨幅表		
本金	亏损跌幅	回本所需涨幅
100		
95	5%	5.26%
90	10%	11.11%
85	15%	17.65%
80	20%	25%
75	25%	33.33%
70	30%	42.86%
65	35%	53.85%
60	40%	66.67%
55	45%	81.82%
50	50%	100%
45	55%	122.22%
40	60%	150%
35	65%	185.71%
30	70%	233.33%
25	75%	300%
20	80%	400%
15	85%	566.67%
10	90%	900%
5	95%	1900%
1	99%	9900%

图 5-2　亏损回本涨幅表截图

通过上边这个亏损回本涨幅表截图，**我们可以看到做投资最核心的还是仓位控制**。做投资亏钱，有时候是选企业出问题，有时候是因为买入时机出问题，但是这都不是致命的问题，真正最致命的问题，是仓位控制问题！下面我分享三条实践中比较有效的仓位控制策略。

（1）仓位控制时我们可以参考标准普尔的分类。把家庭全部资金分为四笔钱，包括要花的钱、保命的钱、生钱的钱、保本升值的钱（见图 5-3）。

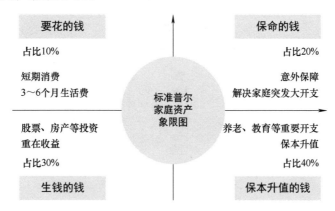

要花的钱

占比10%

短期消费
3～6个月生活费

保命的钱

占比20%

意外保障
解决家庭突发大开支

标准普尔
家庭资产
象限图

股票、房产等投资
重在收益

占比30%

生钱的钱

养老、教育等重要开支
保本升值

占比40%

保本升值的钱

图 5-3　标准普尔家庭资产象限图

第一个账户是要花的钱，一般占家庭资产的 10%。该账户主要是应用于日常开销，需要能够满足家庭 3～6 个月的生活所需。

第二个账户是保命的钱，一般占家庭资产的 20%。该账户主要是防备家庭成员出现突发意外事故、重大疾病时引起的大额开销，比如：社保、医疗险、重疾险、意外险等。

第三个账户是生钱的钱，也就是平常我们所说的投资账户，一般占家庭资产的 30%。该账户主要是做投资让钱生钱。比如：投资债券、股票、基金、房地产等。这个账户的钱又可以分为投资稳健资产的钱和投资高风险资产的钱。一般投资高风险资产的钱有不同的资金配置比例要求（100 － 你当下的年龄 ＝ 你投资激进资产的比例）。假设当前你是 30 岁，用 100 － 30，代表用 70% 的资金去配置偏激进的资产，剩下 30% 的资金去配置偏稳健的资产。

第四个账户是保本升值的钱，一般占家庭资产的 40%。该账

户主要是保障家庭成员的养老、子女教育等所需的钱。这个账户
的钱因为是未来养老和子女教育使用的，因此一定要保证本金不
能有任何损失，对收益没有什么过高的要求，可以投资养老金、
子女教育金等。

（2）**在每一类资产之下，选择具体的投资产品并分配"仓位"，
例如买哪几只股票或基金，各配置多少比例等。**上述第三个投资账
户中高风险的仓位，为了预防不确定性风险的发生，我们持仓尽量
做到合理分散，适度集中。**也就是说，我们把投资账户中高风险的
资金分别分配到 3～5 个行业中的 5～10 只股票上，单个行业的配置
上限不能超过 30%，单只股票的配置上限不能超过 20%，投资中在
任何时候都不要突破这两条投资的红线。**具体到某只个股在投资账
户的最佳仓位，可以根据我在前文中多次提到的凯利公式计算得出。

接下来，以现在的中证医疗指数为例，计算一下现在中证医
疗指数适合配置的最佳仓位（见图 5-4）。

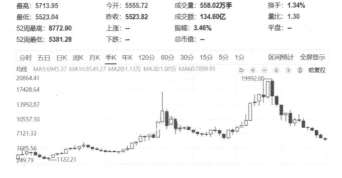

图 5-4 中证医疗季 K 线图

假设，此时中证医疗（p）的上涨概率为 60%，下跌的概率（q）为 $1-60\%=40\%$。如果此时中证医疗上涨的话，预计可以获得 50%的回报；下跌的话，预计损失到投资额的 25%就止损，那么意味着此时的赔率（b）是 50%/25% = 2。

将上面数据代入凯利公式计算出最佳配置仓位为：

$$f = (2×60\% - 40\%)/2$$

$$f = 0.8/2$$

$$f = 0.4$$

这意味着投资者最高用可用资金的 40%买入这个指数，但是单个行业配置不要超过 30%，那么按照这条铁律，此时投资账户买入中证医疗指数可以按照单个行业最高上限的 30%来配置。由于每个投资者对市场理解不同，这个数据计算出来的结果自然也不尽相同。

假设，另一个投资者，预估此时中证医疗（p）的上涨概率为50%，下跌的概率（q）为 $1-50\%=50\%$。如果此时中证医疗上涨的话，预计可以获得 100%的回报；下跌的话，预计损失到投资额的 30%就止损，那么意味着此时的赔率（b）是 100%/30%=3.33。

再次使用凯利公式计算，会得出另外一个最佳仓位：

$$f = (3.33×50\% - 50\%)/3.33$$

$$f = 1.165/3.33$$

$$f = 0.35$$

在这个情况下，投资者可以用投资账户可用资金的大约 35%买入这个指数，但是受到单个行业不超过 30%的限制，最高也是只能配置 30%。

因为每个人预估的胜率和承受亏损的幅度不同，所以凯利公式计算出的最佳仓位也因人而异，但不管怎么说，凯利公式还是给我们做投资的仓位控制提供了一个重要的参考。

投资过程中，我们通过凯利公式算出最佳的配置仓位后，具体可以按照金字塔或者均分建仓的方式来建仓。 这两种方法，已在第三章第三节为大家讲述，在此不多做展开。

（3）**要时刻动态跟踪自己所有的仓位，根据实际情况不断动态评估和调整，以应对市场的不确定性，从而实现投资组合的最优化。**

总之，仓位控制是投资成功的关键因素之一，通过有效的仓位控制，投资者可以更有效地管理风险、保护本金，并提高投资回报。

第八节　构建自己的投资体系

巴菲特曾说过一句话："投资很简单，但并不容易。"投资很简单是指只要你达到开户年龄去找券商开个户就可以交易了。初入股市偶尔一次也许你赚了，也许你亏了，有可能你是靠感觉、有可能你是听消息、也有可能你是凭运气，但是历史一次又一次地证明了，想在股市长期稳健复利地赚钱并不容易，甚至可以说这是世界上最难的事情，没有之一。**我们要想在股市中长久生存且能够长久稳健复利赚钱，必须要有一套适合自己的投资体系。**

投资体系是指投资者根据自己的财务状况、风险承受能力、投资认知、投资目标、投资理念、投资策略、风险防控等形成的一套投资决策框架和行为准则。一个完善的投资体系能够帮助投资者在面对市场波动时做出理性的决策，达到投资目标，并控制风险。

一、根据自己的财务状况评估风险承受能力

每个人的财务状况和风险承受能力都会不同。投资者需要根据自己的实际情况诚实地评估自己的风险承受能力，从而确定自己是保守型、稳健型、平衡型、成长型还是激进型的投资者。

二、根据自己的投资认知确定投资目标

投资就是认知的变现，你的投资认知决定了你的投资收益。股票市场的历史已经告诉我们，长期的收益率就是10%左右，投资要从合理的预期收益率开始。

三、形成自己的投资理念

每个投资者都会有自己的人生价值观，那么也会有自己认可的投资理念。比如，我的投资理念就是基于周期和均值回归，以及利用人性的底层逻辑形成的价值投资理念。

四、确定自己的投资策略

根据标准普尔的分类，我们把家庭全部资金进行划分之后，

可以确定自己的投资策略。如果你是成长型投资策略，就追求高增长的公司；如果你是保守型策略，就投资债券或者高股息的公司；如果你是价值投资策略，就寻找被市场低估的好公司或者指数。我是价值投资策略，所以我就寻找那些被市场低估的公司或者指数，并且会在低估区域分批买入，做时间的朋友，耐心持有，等待均值回归的出现，等到高估区域到来再去止盈，做这种大周期的波段。

五、时刻做好风险防控

我认为风险防控是投资过程中最关键的一个环节，怎么强调都不为过。投资者可以根据前面几节内容，确定自己的风险防控措施。

六、持续优化动态调整

股市时时刻刻在发生着新的变化，我们建立完自己的投资体系后，还要持续学习与投资相关的知识，做到与时俱进、定期审查、持续优化、动态调整，以应对不断变化的市场。

通过上述步骤，投资者通过明确的目标、正确的投资理念、合理的投资策略、严格的风险管理和持续的改进，可以逐步构建出一个适合自己的、能够达到财务目标的投资体系。

一个有效的投资体系能够帮助投资者在不同的市场环境下保持一致性和纪律性，从而实现稳定的投资回报。关键是严格地执行，做到知行合一，用纪律和投资体系去克服投资中人性的弱点。

第九节　股市防骗提醒

前几节，我写的主要是在股市交易中如何防范本金永久性损失的风险。现实生活和股市中还存在一些不法分子利用投资者的贪婪心理进行诈骗的情况，我们也要时刻注意以防被骗。

我出生在齐鲁大地的一个偏僻的农村，在家排行老大，小的时候我父母都到东北伐树打工（也就是俗话说的闯关东），把我一个人放在奶奶家。后来听父亲说在东北也没挣到钱，还被包工头坑了。父亲说冬天气温有零下几十摄氏度，在山上坐在雪地里伐树，一出去就是一天，只能拼命地干活，不干活会更冷。就这样伐了一冬天的树，到了过年时那个包工头说没有钱，后来再要还是说没钱，一直到现在也还是没有给。在那个年代，几百元也是很可观的。所以我幼小的心灵就开始痛恨骗子，直至长大之后的今天，我依然痛恨天下所有的骗子，可以说这辈子我最痛恨的就是骗子！

生活中可以说骗子无处不在，生活中的骗局也五花八门，我曾经遇到一个快递骗局，当时我也没有任何网购，突然就接到一个快递，打开一看是一个卡片，上边说中奖了让扫描二维码领奖。既然骗子都知道我的地址和电话，何不把奖直接寄过来？还让扫描去领奖真是多此一举，一看就是妥妥的骗子。其实，股市中的骗子更多。

在2019年春节期间，我的一个朋友拉我加入一个股票群，告诉我说里面的老师定点讲课，推荐的股票都很牛，每次推荐完次日必大涨，还天天发红包，每天抢红包都可以抢到一二百元。后来我的这个朋友为了抢红包，晚间的电视剧都不看了，专心抱着手机，甚至计划到网上购买一个抢红包的软件。我在群里潜伏了几天，发现群里的人基本是以做短线为主，基本都是炒作小盘题材股，大部分是出了消息后告诉你，次日该股早盘会短线冲高，实际上没有实操意义，我潜伏几天后就退出来了。

这个事我以为到此就告一段落了，而在一个月后这位朋友突然又给我打电话，说让我给出个主意，说他在那个群跟里面的老师买股票赚了一个涨停后，人家老师嫌赚钱慢，计划不炒股票了，要去"炒黄金"。那个老师天天私聊他，催促他抓紧开户等，说得他都心动了，他计划把自己所有的钱转过去"炒黄金"赚大钱，随后他媳妇让咨询一下我再做打算。

我查询了一下朋友提供的网站及其他相关的信息，发现IP地址等网站信息都在国外，可以大体推断是个虚拟盘，最后告诉他还是算了吧，最好不要去冒险，如果真想玩，一定要选择国内合法合规的平台。

其实我朋友的这个案例和下面这个新闻中报道的骗局情况几乎一模一样。

在2018年7月8日，上海奉贤警方成功破获网络"炒黄金"诈骗案，一举抓获以庞某为首的涉嫌诈骗团伙成员24人，当场查获作案用手机60余部、电脑20余台、银行卡10余张，涉案金额高达近千万元。

近千万元的涉案金额，难道有钱人都是傻子吗？这么轻易地相信别人，把钱拿出来"炒黄金"？

据被害人夏女士介绍，平日自己就炒股票，无意间进入一个股票微信群，没过几天，群主就留言说最近股市行情不好，推荐大家去炒黄金。夏女士对股市有所了解，可在炒黄金上就是门外汉了。这不要紧，群里的顾问和老师可是什么都懂的，老师们会定时定点授课，讲授一些稳赚不赔的方案。夏女士一开始是有所怀疑的，可是许多群友也都在讨论"炒黄金"，还有人跟着老师的方案参与，并且晒出自己赚钱的截图，夏女士逐渐相信了。随后夏女士下载了群里面提供的炒黄金平台 App，逐步向平台转钱后开始投资。短短三个月，夏女士投进去 100 多万元。等到夏女士大笔投钱的时候，这个群解散了，钱没了，夏女士懵了。

等到警方抓捕了这个犯罪团伙之后，夏女士才知道自己被骗了。原来这是一个诈骗团伙，一共24人，分为不同角色，有投资分析师，有受益者。他们拉人进群之后，集体的表演让受害人相信炒黄金真的能赚钱。等到受害人下载了他们设计制作的"炒黄金"软件并大笔投钱进去之后，他们就立刻解散群，从此找不到人了。而且更加吓人的是，这个群内 50 多人只有被害人一人为投资者，其余的都是犯罪团伙操纵的小号，其目的就是造成假象，鼓动被害人大金额投资，这场景真让人有点不寒而栗的感觉。

写到这，我想我要重点提醒一句：**投资一定要选择国内合法合规的平台**。国内正规的证券交易所一定认准上交所、深交所和北交所；国内合法的期货交易一定认准上海期货交易所、郑州商品交易所、大连商品交易所、上海国际能源交易中心、中国金融期货交易所和广州期货交易所。

投资过程中一定要牢记：任何许诺你高额回报，任何让你转账去其他平台，诱导你下载某某 App 转钱的（假原油、假期货、博彩、虚拟币、假私募、假券商、场外配资等）都是骗子；任何给你承诺收益、保证输赢的荐股、喊单等行为风险极大皆不可信；投资有风险，入市需谨慎，请大家一定要有防范意识！

最后我再根据个人经验简单总结几条防范股市诈骗的提醒。

（1）警惕高收益诱惑：任何承诺"高收益、无风险"的投资都应该引起警惕。

（2）不要轻信内幕消息：不要相信所谓的"内幕消息"或"专家推荐"，这些往往是诈骗的伎俩。

（3）避免盲目跟风：不要因为其他人的盈利截图或推荐而盲目跟风投资。

（4）小心虚假平台：诈骗分子可能构建虚假投资平台，通过不切实际的虚假宣传引诱投资者。

（5）注意资金安全：对于需要转账汇款的投资机会，要特别小心，确保资金流向安全。

（6）防范"杀猪盘"：警惕不法团伙通过非法荐股等手段诱骗投资者高价买入股票的同时，其反向卖出相关股票非法获利。

（7）谨慎加入投资群：不要轻易加入未经核实的投资理财群，这些群可能是预设好的圈套。比如，拉群免费推荐每天涨停牛股的，最终目的是高价推荐垃圾软件，利用的是大数原理，也就是层层筛选、幸存者偏差的方式。比如，拉群搞免费培训，最终是为了拉人去搞原油、黄金、外汇等虚拟盘，平台最终看中的是你的本金。比如还有骗子冒充大 V、专家、基金经理等，然后问你想不想实盘跟上，他们不收费，盈利后分成就可以。听起来很靠谱，不收费怎么骗到自己的钱，这种模式往往是给出货的庄家找接盘侠赚分成的，或者根据概率，赚钱的要分成，亏钱的就不管了等。

天上不会掉馅饼，只会掉陷阱。诈骗分子往往通过上述方式或其他社交网络平台添加受害人联系方式，并将其拉进预先设好的群聊中。群里的"导师"会以推荐股票、晒虚假盈利截图等方式骗取受害人信任，群里其他网友也会主动找受害人聊天，吹嘘"导师"实力误导受害人。随后诈骗分子在取得受害人信任后就诱导受害人到所谓的投资理财平台上进行投资，并让其在小额试水投资中成功获利并提现，从而误以为是在真实、正规的平台交易。

实际上，这些投资理财平台是骗子搭建的虚假平台，骗子可以随意在后台对数据进行修改。当受害人被利益蒙蔽后，诈骗分子便鼓吹、诱导受害人不断向平台投入资金，当大额资金注入后，骗子就会通过操控平台将被害人账号操作成"持续快速亏损"或"系统故障、无法提现"的状态，让被害人血本无归。请记住这世界上没有人能够预测明天的涨跌，同时也没人能够永远稳赚不赔，如果有人敢说他能，那么他一定是骗子。

总之，不论生活中还是股市中，投资者一定要时刻提高警惕，对于任何投资机会都要进行充分的调查和分析，以防被骗而造成不必要的经济损失。希望大家看完本节内容后，可以更好地保护自己，避免成为股市诈骗的受害者。

第六章

投资的尽头是人性

第一节　市场先生，幸会

在投资的世界里，有一个广为人知的寓言人物——市场先生。这个概念最早由本杰明·格雷厄姆提出，并由其学生沃伦·巴菲特进一步普及。这个寓言故事的大体意思如下。

假设在电脑另一端和你交易的投资者叫市场先生，他是个非常勤快的人，不过他患有严重的抑郁症，有时候会疯疯癫癫，有时候会傻得可爱，有时候会神经得可怕！他的主要工作就是在股市的交易时间给证券报价，报出一个有人愿意买入也有人愿意卖出且可以撮合成交的价格。

由于这位市场先生病得不轻，有时候他情绪低落，只看到了利空，对利好视而不见，但他并不会因为你着急卖出股票，就给你报一个昂贵的高价。这时，因为他心情不好，往往会报出非常低的价格。报价低，对于想要入场买入的人来说是有利的，相反对于现在想要卖出的人不利。

偶尔，这位市场先生也会乐观兴奋，只看到了利好，对利空视而不见。但他并不会因为你急着买入股票，就给你报一个很便宜的低价。这时，心情很好的他往往会报出非常高的买卖价格。报价高，对于想要卖出的人来说是有利的，相反对于现在想要买入的人不利。

市场先生对所有交易者一视同仁，他漠然地每天不停地报价，价格高或价格低完全看心情。但是不论报价多低或者多高，总是有人买也有人卖，只是报价低的时候买的人少，报价高的时候买的人多而已。在这些情况下，你必须问自己，是否应该基于市场先生的报价评估你手中股票的价值？我希望你没有这样做，你应该进行独立分析，并将你估算的内在价值与市场先生的报价进行比较。

以上就是这个寓言故事的大体意思，本杰明·格雷厄姆把股市的投资者比喻为一个行为古怪且情绪极度不稳定的"疯子"，他每天的出价全由情绪决定，我们无法预测，能做的只有在他出价后再决定是否利用这个价格。

市场先生的故事也告诉我们，市场短期内的波动往往是非理性的，它不总能反映公司的真实价值。投资者应该学会区分市场的报价和公司的内在价值。当市场先生情绪低落，提供低于公司内在价值的报价时，这可能是一个买入的好机会。相反，当市场先生过于乐观，提供高于公司内在价值的报价时，这可能是一个卖出的好时机。

我们做投资要坚持价值投资，专注于公司基本面的内在价值，包括其盈利能力、财务状况、行业地位等因素。同时还需要保持长期视角，市场的短期非理性波动不应影响长期投资决策。投资者应该尽量避免被市场先生的情绪所影响，保持冷静和理性，又耐心等待市场先生的情绪波动，从而在合适的时机充分利用市场先生的非理性报价进行交易。

当下的市场，沪深 300 指数连续下跌了三年多，指数下跌 40%多，这说明市场先生心情特别差，现在报出的价格非常非常低，报价低是一种事实，并不带有褒贬的色彩。报价低，对于想要入场买入的人来说是有利的，相反对于现在想要卖出的人不利（见图 6-1）。

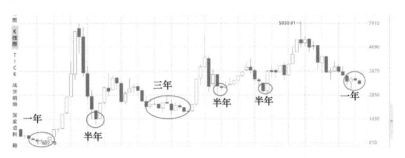

图 6-1　沪深 300 指数 2005—2024 年月 K 线图

那么，面对当下的报价，如果我们现在想入场买入，那么应该非常高兴才对。你敢往低了报，我就敢买，你敢更低，我就更加敢买。而并不是鄙视谩骂，也不是愤世嫉俗，而是尽可能地利用好它。

等到未来某天，市场先生情绪高兴的时候，报价比较高，开始变得对卖方有利了。那么，你敢报出高价，我们就敢卖给你。沪深 300 指数上市以来经历了多次市场先生情绪不好，出现报价比较低的时候。

（1）第一次是在 2005 年，市场先生报价比较低的时候持续了一年，但是这一年大部分投资者都不敢买，都在骂推倒重来。

（2）第二次是在 2008 年底，市场先生报价比较低的时候持续了半年，但是这半年大部分投资者都不敢买，都在骂完蛋了。

（3）第三次是在 2012—2014 年，市场先生报价比较低的时候持续了三年，但是这三年大部分投资者都不敢买，都在骂清仓退出再也不玩了。

（4）第四次是在 2015 年底，市场先生报价比较低的时候持续了半年，但是这半年大部分投资者都不敢买，都在骂天、骂地、骂市场……

（5）第五次是在 2018 年底，市场先生报价比较低的时候持续了半年，但是这半年大部分投资者都不敢买，还是都在骂……

（6）第六次是现在，2023 年底至 2024 年中，市场先生报价比较低的时候持续了一年多，但是这一年多大部分投资者都不敢买……

回看历史，你看看股市成交量，底部时明显缩量，顶部时会非常明显放出巨量。这充分说明了底部都不敢买，顶部却疯狂买入，成交量不会作假，成交量说明了一切。所以，不论底部是持续半年还是持续到三年，结果都是一样，那就是大部分投资者不敢买，但等到市场涨高后，他们又会兴高采烈地去高位接盘，这就是宿命！

你别不信，现在这么低的价格，在底部持续这么长时间，上边敲锣打鼓，盼望着大家来买，结果大部分投资者都是无动于衷，这难道不是要等到市场先生报高价了，才去高位接盘的节奏么？

总结一下：市场先生是一个极具启发性的概念，它帮助投资者理解市场的波动性和非理性行为；在此基础上通过理性分析和长期规划，投资者可以利用市场先生的非理性行为来达到自己的投资目标，而不是被其所左右。正如市场先生发明者本杰明·格雷厄姆所说：要么利用它，要么不去管它。

第二节 这次不一样：股市中代价最高的一句话

在股市投资中，有一句话被广泛认为是代价最高的，那就是：这次不一样。这句话背后所蕴含的深意和历史教训值得我们深入探讨和反思。

一、来自历史中的验证

马克·吐温说过：历史不会重复，但总会押着同样的韵脚。其实，太阳底下没有新鲜事，股市同样也没有新鲜事。每当遇到熊市大跌时，投资者总是比以往任何一次都恐惧地认为这次不一样了，这次股市肯定要推倒重来，但最终的结局往往是熊去牛来：这次还一样。而每当遇到牛市疯狂暴涨时，又会说这次也不一样了，这次一定会是长牛，股市会长期上涨，但最终的结局依然是牛去熊归：这次还一样。

虽然历史不会重演，但总会惊人地相似。回顾历史，历史上这种涨了永远涨、跌了永远跌，每次总是有各种各样的理由来说这次不一样的情景时有发生。其中，17世纪的郁金香泡沫是人类历史上第一次有记载的金融泡沫，当时所有投资者都以为郁金香会长期上涨，会永远不停地涨。按理说这么大一次金融泡沫事件，后人应该汲取教训，永远不会再犯。然而正如德国哲学家黑格尔所言："人类唯一能从历史中吸取的教训就是，人类从来都不会从历史中吸取教训。"

当时间来到 1720 年春天，南海泡沫再次上演，这次比上次更加疯狂。以至于连牛顿都感叹道："我能算准天体的运行，却无法预测人类的疯狂。"

之后法国密西西比泡沫，1929 年美国股市泡沫、互联网泡沫、次贷危机泡沫等依次发生，每次泡沫发生的时候，人们都是疯狂地说这次不一样，争先恐后地冲进市场，唯恐错过暴富的机会。但是，每次结局都是这次还一样。每一次泡沫都感觉像是史无前例，其实不过是历史长河中的一朵小小的浪花而已。

回到我们 A 股，中国股市也是一次又一次地在重复上演这样的故事。

1993 年疯狂大牛市顶部时，股市对我们新中国来说是新生市场，新中国、新气象、新市场，股市就得天天涨，投资者都说我们和外国股市就是不一样。随后，指数双腰斩式暴跌。最终结局：这次还一样。

2001 年互联网大牛市顶部时，互联网改变生活，互联网改变世界，投资者都说这次不一样。随后，指数腰斩且下跌了五年之久。最终结局：这次还一样。

2007 年疯狂大牛市顶部时，我国加入 WTO 后经济高速发展，股市就得高速上涨，投资者都说这次不一样，打死也不卖，股指看到 10000 点。随后，上证指数双腰斩从 6124 点下跌至 1664 点。最终结局：这次还一样。

2015 年杠杆大牛市顶部时，科技创新，万众创业，投资者高呼这次不一样。随后，指数连续出现熔断。最终结局：这次还一样。

2021 年核心资产大牛市顶部时，注册制下核心资产永远会是牛市，投资者无脑买买买，说什么我们已经港股化了、国际化了，所以这次不一样。随后，核心资产暴跌，腰斩及双腰斩比比皆是。最终结局：这次还一样。

每次大牛市顶部泡沫破裂前往往都有各种各样的宏大叙事让投资者认为这次不一样，然而每次最终结局依然是这次还一样。

如果这次不一样只是在泡沫破裂前的时候发挥作用，那么这句话就不会成为代价最高的一句话。相反的，它在投资之中最悲观的时候同样发挥着作用，每次股市底部的时候也都会伴随各种故事，这些故事背后的逻辑都是这次不一样，但最终的结局依然是这次还一样。

1994 年超级大熊市底部，当时市场弥漫着关闭论调。投资者被这些利空吓掉了魂，惊恐道这次不一样。随后，股市迎来反转，上证指数从 325 点最终上涨至 2245 点。最终结局：这次还一样。

2005 年熊市底部时，人们都在担心股权分置改革后，市场全流通以后会面临天量的增量筹码，甚至当时一位基金经理就辛辣地说一桶垃圾配送给你两桶垃圾，就值钱了吗？当时最流行的说法是推倒重来，大家都在说这次不一样，便产生了 998 点的历史性大底，随后股市迎来了反转，上证指数从 998 点上涨至 6124 点。最终结局：这次还一样。

2008 年超级大熊市底部时，投资者都在担心美国的次贷危机演变为类似 1929 年的大萧条，进一步担心引发全球金融海啸，进一步担心我国股市跌回 1000 点。同时还对 2008 年底刚出台的"四万亿"相关稳增长政策担心和质疑，大家都在说这次不一样。随后，股市迎来反转，上证指数直接翻倍上涨。最终结局：这次还一样。

2014 年熊市底部时，投资者都在担心旧的增长方式遇到了瓶颈，制造业投资持续下行，靠投资和出口拉动经济的路已经走到了尽头等，大家都在说这次不一样。随后，股市迎来了杠杆牛，上证指数从 1849 点上涨至 5178 点。最终结局：这次还一样。

2016 年全球金融市场爆发震荡，美股大跌，纳斯达克一周内跌幅超过 1000 点，日本股市、欧洲股市均短期内急剧下跌，新兴市场更是惨不忍睹。中国 A 股出现两次熔断，上证综指从 5000 多点以上一个月内下跌近 1000 点，创最近两年低点 2638 点。投资者都在担心会发生全球金融危机，大家都在说这次不一样。随后，股市迎来反弹，价值股持续上涨。最终结局：这次还一样。

2018 年熊市底部时，投资者都在担心中美贸易摩擦引起的全面脱钩，进一步担心经济增速大幅下滑等，大家都在说这次不一样。随后，股市迎来了核心资产抱团牛，核心资产被持续爆炒。最终结局：这次还一样。

现在（2024 年）正在进行的熊市底部，投资者都在担忧经济复苏的进程、担忧房地产仍未回暖、担忧新能源的产能过剩还没消化、担忧地缘政治格局，担心会像日本一样失去 30 年，进一步担心国运的问题，大家都在说这次不一样。随后会发生什么？最终结局是否是这次还一样？未来会验证。

二、抱团的逻辑

历史一次又一次地证明，这次不一样，其实每次都一样。股市当中不光大盘牛熊每次都一样，就连行业抱团炒作也是每次都一样！抱团就是抱团取暖的意思，也就是说参与者持续加仓并持有一个板块接近甚至超过 30%，不轻易调仓换仓，时间最少持续两个季度，我们称其为抱团。

抱团炒作的路径一般都是这样的。一些机构投资者集中买入一些优质公司的股票，这些公司的股票因为大量的买入而大幅上涨，估值则达到六七十倍 PE，甚至上百倍 PE 的水平。由于这种买入导致股票价格上涨，机构投资者的业绩也就因此大幅跑赢市场。而随着业绩的上升，新发行的基金等产品也受到市场热捧。因此，有更多的新资金流入市场，这些资金再次被投向同一批优质公司的股票，导致这些公司的股票价格继续上扬，估值继续拔高。

同时，由于市场上的流通盘已经慢慢被之前的持仓锁定，因此每一次新的上涨所需要的资金，变得越来越少。抱团过程出现了经典的"抱团—申购—买入抱团板块—抱团板块继续上行—吸引更多资金加入抱团"的正反馈，这种经典正反馈必然会引发估值的高溢价。

抱团到了后期，反而会有很多投资者越发坚定地认为该板块永远会涨。而机构越想要业绩好，就越要重仓买入抱团的板块，且需要最坚定最持久持有。一般它们不敢随意提前调仓，因为它们会想，这个板块涨得这么好，虽然已被高估了，但调到其他不涨的板块，业绩怎么办？

每次抱团都是这么一个过程，每次过程都很相似。每次抱团真正瓦解前，总会有1～2次假摔。假摔过后，抱团股会以更陡峭的角度上行，抱团的人们也会更加坚定。直到真摔倒，虽然不愿意相信是真的，但确实是真的。

当出现下面信号，抱团必被瓦解。

（1）上市公司的利润增长达不到投资者的预期，导致人们不再买入。

（2）上市公司大股东觉得股价贵得太离谱，因此减持套现，或者增发，导致股票供应量大增，超出资金购买能力。

（3）一些机构投资者觉得股价实在太贵了，于是开始先于同行减持，最后导致牢固的抱团持股格局崩塌。

（4）当市场出现一些负面新闻（或者政策开始控制）导致市场出现短暂下跌，盈利丰厚的投资者开始争先恐后地出逃。

当流动性收紧，减缓或关闭基金发行，老基金申购减少，甚至开始赎回，基金经理被动卖出抱团股，股价下跌，引发净值下跌，而净值下跌，又引发更多的基民赎回，负反馈形成。每次抱团最后都是一地鸡毛，古今中外，概莫能免。

投资过程中，我们总是习惯了对于市场趋势"线性外推"，在乐观的时候更乐观，在悲观的时候更悲观，这都是人性使然而已。

你发现了没有？每次熊市暴跌都说这次不一样，但是当牛市来临上涨后每次都一样。

你发现了没有？每次牛市暴涨也都说这次不一样，但是当熊市来临下跌后每次都一样。

你发现了没有？那些年的大熊市，往往叠加了多重当时看起来合理又无解的利空因素，但是最终又总能浴火重生。

你发现了没有？等后来股市涨起来，曾经的利空消息和担忧都不翼而飞，最终也无人再提及。

你发现了没有？那些年的大牛市，往往叠加了多重当时看起来合理又美好的宏大叙事，但是最终又总是灰飞烟灭。

你发现了没有？等后来股市跌下去，曾经的美好宏大叙事都如水中月镜中花，最终也都销声匿迹。

你发现了没有？在那些 A 股的至暗时刻，当时身居其中的人，和现在的我们一样，有点恐慌、有点难熬。

你发现了没有？那些能够穿越牛熊的人，无非是多了一点点信心，少了一点点悲观而已。

你发现了没有？历史总是一次又一次重复，可惜的是投资者却从未吸取过教训。

俗话说没有一个冬天不可逾越，也没有一个春天不会来临。涨涨跌跌，跌跌涨涨，股市就是一个接着一个的周期轮转。

这次不一样，其实每次都一样。不合理的价格终究会出现均值回归。

这次不一样，其实每次都一样。一切都是周期和轮回，而那不变的，是人性！

第三节 一天的涨跌对你真的那么重要吗

公众号后台经常有朋友留言，今天某某股票为什么跌了啊？今天某某股票怎么跌停了啊，什么原因？最近某某板块怎么天天跌呀？但是很少有人留言问今天某某怎么涨了呢？可能大部分人觉得天天涨是理所当然的吧。绝大部分时间我都选择不回答，因为某一天的涨跌原因我确实也不知道。只是我想弱弱地问一句：一天的涨跌对你真的那么重要吗？一天的波动是风险吗？

股市波动是资本市场再正常不过的行为，就如同你天天呼吸一样正常。如果你连一天的波动都扛不住，我建议还是老老实实地把钱存银行吧。有时候我就想：你上班怎么不天天算，今天赚了多少工资呢？或者你存银行的钱怎么不天天算算涨了多少利息呢？我们可不可以把时间轴拉得稍微长一点？

其实你需要的是对你的投资标的有足够了解，并且在心中评估公司内在价值，之后市场涨跌都和你无关。如果让市场涨跌牵着你的鼻子走，那么投资或者炒（一个火加一个少，火中取栗越来越少）股对你来说就是苦差事，而且最后肯定赚不到钱。那么你何苦自找烦恼呢？倒不如用这个时间去了解你投资的公司，或者提高自身的投资能力。

格局决定结局，眼光决定成败。你能够知道大盘每天的涨跌情况，说明了你在天天看盘，由此引申出来另一个问题，我们需要天天看盘吗？扪心自问一句：看盘的目的是什么？你问自己，今天要买吗？还是要卖？不买，不卖，看盘干嘛？跌了你又不会割，涨了你又不会卖，难道自己给自己添堵？是不是可以这样说：对于大部分人来说，真的没有必要天天看盘。

其实股票操作中大部分的时间是没有操作的，买和卖就是一瞬间的事情，绝大部分的时间是持股与持币等待。可是，知易行难，大多数人在实践操作中总是忘记了这个道理，频繁操作买卖，买入后希望股价立刻上涨。如果股价没有立刻上涨就会认为自己的股票不好，认为其他上涨的股票好，自己很矛盾，过不了几天就想换股票。

一波行情里，各种股票此起彼伏，机会多多，可是自己忙活下来后才发现，追涨杀跌的佣金全部贡献给券商了，突然间发现不如始终抱住一只股票持有不动赚得多。

股市不需要勤奋，当然这里的勤奋指的是"看盘"，看盘是炒股中最没有意义的事情，可是大多数人为什么还是克服不了看盘的欲望和冲动呢？其中原因之一是恐惧的心理在作怪，就怕自己的股票跌下去！越是看似复杂的东西，我们越是要简单化之。重点关注的应该是股票的内在价值，每周看一次盘或者不看盘，直到触发抛售止盈或者止损原则。

正如巴菲特所说："当我们买入一只股票时，如果有人告诉我们，市场将关闭几年，我们仍然会对这只股票感到满意。我们着眼于业务本身，报价与此无关，这是我们看待股票的方式。如果我们对企业的判断是正确的，股票将会自己照顾自己。"

第四节　做实业可以等三年，股市里为什么不能

　　投资是指投资者投入资金赚取合理的利润，想要赚取合理的利润就必须要有一定的等待时间，其实这就是延迟满足的另一种形式。延迟满足是美国斯坦福大学心理学教授沃尔特提出的概念，是指为了长远宏大的利益而自愿延缓或放弃较小满足的行为。

　　沃尔特教授曾做过一个非常著名的"棉花糖实验"。在这个实验中，沃尔特带着研究人员来到幼儿园，随机选择4～5岁的小朋友，让他们每个人单独待在一个只有一张桌子和一把椅子的小房间里，每张桌子上都摆放着托盘，托盘里有孩子们最爱吃的棉花糖、曲奇饼干或巧克力。研究人员在离开房间前告诉他们，他们可以马上吃掉棉花糖，也可以等到15分钟之后研究人员回来再吃，如果那时棉花糖还在，他们可以再获得一颗棉花糖作为奖励。在这个过程中，如果想要吃棉花糖或有其他不适，他们可以按响桌子上的铃，研究人员听到铃声后会马上返回。

　　对这些孩子们来说，实验的过程颇为难熬。有的孩子为了不去看那诱惑人的棉花糖而捂住眼睛或是背转身体；还有一些孩子开始做一些小动作，如踢桌子或拉自己的辫子等；有的孩子甚至用手去打棉花糖；也有的孩子急不可耐，马上就把糖吃掉了。还有孩子耐住了性子，闭上双眼或趴在桌上睡觉，或者是通过自言自语唱歌的方法转移自己的注意力，最终成功克制了欲望。

　　结果，大多数的孩子坚持不到三分钟就放弃了。一些孩子甚

至没有按铃就直接把糖吃掉了，另一些则盯着桌上的棉花糖，半分钟后按了铃。最终只有大约 1/3 的孩子成功延迟了自己对棉花糖的欲望，他们等到研究人员回来兑现了奖励。

研究人员在 1981 年逐一联系已是高中生的这批实验参加者，给他们的父母、老师发去调查问卷，针对这些孩子的学习成绩、处理问题的能力以及与同学的关系等方面提问。最终发现那些自控力更强、获得两颗棉花糖的孩子，在上中学时表现出了更强的自信心、适应性和独立精神，学习成绩也比那些马上吃棉花糖的孩子平均高出 210 分。而那些经不住诱惑的孩子则更容易屈服于压力，逃避困难。

再随后，研究人员继续对当年的实验参加者进行更长时间的追踪调查研究，直到他们 35 岁以后，研究人员发现那些更有毅力的孩子在事业上也更容易获得成功。由此，研究人员得出结论，那些为了长远的、更大的利益而能够克制眼前诱惑的人，有更大的成功概率。

这也让我联想到了投资市场，做投资想要赚取合理的利润就必须要有一定的等待时间，没有其他捷径可走。实业投资是许许多多的投资渠道之一，任何一个成功的实业投资者，在做投资之前都非常清楚地知道投资一段时间后才能盈利。

一、经营公司（企业家）

假设，你决定自己创建一家企业，你调查市场、与银行接洽借款、寻找厂地、设计厂房、招聘员工、装置机器、试验生产、将产品推向市场出现在货架上，前前后后大约三年的时间。等产品上市后，什么时候盈利等一切都还具有不确定性。但是，你认为这是创业的正常过程，在没有盈利的情况下你还得心甘情愿地及时支付各项开支，你也毫无怨言。因为你知道这些时间是必须等待的，没有其他捷径可走。

二、种植果树（农民）

假设，你承包了一块荒地，计划种植为苹果园，整理土地、开路挖沟、育苗、种植、除草、施肥，整整忙了三年，苹果树逐步开始结果且上市销售，至于什么时候能够把投入的成本赚回来再有盈余还是未知数。这三年里只有付出没有收入，你不以为然，因为你知道那是赚钱不可避免的途径。因为你知道付出后收获回报是需要时间的，没有其他捷径可走。

三、沿街商业（商户）

假设，你计划在繁华的商业区开设一家店铺，从寻找店铺、装修、招聘员工、筹备开张，到正式做生意，前后也要两年，再到盈利赚钱又得一年。从开始到赚钱前前后后也得三年，你也无怨无悔。因为你知道这些时间就是需要等待的，你绝对没有想过，今天投入明天立马就赚钱，没有其他捷径可走。

四、买社区商品房（工人）

假设十年前，你买了一套房子，从跟开发商签约到交钥匙给你，前前后后大约三年。当时房地产销售都是卖期房，你会觉得这是正常的事情，三年的等待，你会觉得一点也不长。在这期间，房子没有给你产生一分钱的价值，甚至你都无法知道房子到底是什么模样，但是每月你却定期还给银行房贷及贷款利息。现实当中，开发商就是这样拿着你的钱在给你盖房子，你一般都得提前两到三年还着房贷，但是你没有觉得任何的不正常。因为你知道这些时间是必须等待的，没有其他捷径可走。

以上都是生活中非常容易见到的实业投资的类型，其实社会中还有很多很多，但任何一个实业投资者都会明白实业投资赚钱必须等待一段时间的道理。

虽然股市投资有别于实业投资，但也是许许多多的投资渠道之一。做实业投资你可以轻松等三年，股市投资为什么就不能等三年？绝大部分的股市投资者，都希望今天买进，明天就卖出，赚取暴利。假如你告诉他，在历史性低估区域买入大盘宽基指数（或优质龙头个股），耐心持有三年后大概率可以赚钱，他们会觉得时间太长，难以接受。

为什么建设工厂，可以等三年盈利，股市投资却不能？为什么种植果树，可以等三年盈利，股市投资却不能？为什么经营商业，可以等三年盈利，股市投资却不能？为什么买商品房，可以等三年盈利，股市投资却不能？当你进入资本市场，为什么就得要求天天见到收益呢？为什么不能以年为单位呢？为什么不能以三年为单位呢？

其实，买股票买入的就是股票后面的公司，公司经营都得需要三年，你却要求你买的股票天天大涨，这是不现实的。股市投资你更需要放平心态，以投资实业的眼光去投资股票，给它点时间也许你就能收获灿烂。

第五节 投资就是投预期差

投资就是投预期，投资就是投预期差，那什么是预期？什么又是预期差呢？

我先讲个小故事：小学的老师看到总是有几个小朋友不能按时完成作业，于是她想到了一个办法，就是给及时完成作业的小朋友发放一朵小红花。这时，以前及时完成作业的小朋友每天都能领到一朵小红花，他们非常高兴。那几个不能及时完成作业的小朋友为了得到小红花，也逐步都能及时完成作业了。

持续了一段时间后，老师看到小朋友都能及时完成作业，就把奖励小红花给取消了。于是最早能够及时完成作业的小朋友们就开始失望不高兴了。

最早能够及时完成作业的小朋友每天都得到老师的小红花奖励，他们就会慢慢形成一个"每天有小红花奖励的心理预期"。当有一天得不到小红花奖励的时候，他们的心理预期就会被打破。他们就会失望，甚至不愿意去完成作业了。

事实上，以前能够及时完成作业的小朋友没有小红花奖励的时候，也一样心情愉快地完成作业。而后来能及时完成作业的小朋友一样没有得到小红花奖励，但是心情会失望、不高兴。结果看似一样，可是小孩子们在这一过程中的心理预期却变了。

如果有几个小朋友提前预期到，未来某天老师可能会不再给及时完成作业的奖励小红花了，那么这部分小朋友就能心平气和地接受不再奖励小红花的现实，这部分小朋友和没有预期到不发小红花的小朋友就产生了预期差。

这就是生活中的一个关于预期和预期差的小案例，而股市中的预期也是对未来的期望，股市投资就是对未来预期兑现及预期差兑现的过程。股市中同样的一张 K 线图，往往有的人看到此时的下跌，进而预期会继续跌下去；有的人看到此时的下跌，进而预期到未来的上涨。

比如，2024 年上半年的沪深 300 指数（见图 6-2），有的投资者看到这张图会认为沪深 300 指数还会下跌深不见底，而有的投资者则认为沪深 300 指数物极必反，接下来会否极泰来将要大涨。

股市的预期由未来的业绩或消息构成。业绩或消息本身是利好还是利空不是关键，关键是预期。如果业绩或利好消息不及预期，股价往往会下跌；反之，如果业绩或利空消息优于预期，股价反而可能上涨。所以，预期虽然会推动股价涨跌，但对于内在价值判断的预期差才是股价涨跌的决定因素。

股市的预期往往会被提前反映，乐观的时候会提前反映未来乐观预期，股价容易涨过头；而对未来悲观的时候也会提前反映未来悲观预期，股价又容易跌过头。比如，2021 年核心资产的狂飙，在业绩报告验证之前就提前持续大涨，是因为市场普遍预期这些核心资产的业绩会持续向好，所以相关公司的股价提前上涨。

而等到靓丽的业绩报告出炉，股价已经提前体现了高增长的预期，且部分投资者开始预期核心资产的业绩增长面临向下的拐点，开始提前卖出，又引发股价提前下跌。

图 6-2 沪深 300 指数 2005—2024 年季 K 线图

股市的预期差就是提前预期到了别人的预期，那你就有机会在股价上涨之前买入，下跌之前卖出。比如，核心资产经过连续三年的下跌，现在的股价已经提前预期了经济带来的悲观增长，大部分投资者还是线性地认为业绩将继续下滑，接下来如果经济恢复增长，那么意味着会产生业绩增长的预期差，而此时此刻的核心资产就出现了预期差带来的投资机会。

通常来说，股价的上涨主要源于两个方面，一个是估值的提升，另一个是业绩的增长，这两个方面共同推动了股价的上涨。那么对应的预期差也可以分两种，一个是估值预期差，另一个是业绩预期差。

（1）估值预期差是指你认为市场对公司的商业模式、竞争格局或行业空间有误解，导致公司价值被低估（或高估）了。比如伊利股份在"三聚氰胺事件"时，业绩迅速下滑最终导致亏损，估值变成了极度高估的负数。这时只有极少投资者预期到这是因一次性偶然性事件导致的估值虚高，随后会受益于市场份额被动变大，此时真实估值其实是低估。这就产生了估值预期差，能够预期到真实低估的投资者提前布局入场，从而获取了后期戴维斯双击的暴利。

（2）业绩预期差是指如果你对一家公司的基本面进行了专门的研究，最终得到的业绩预测高于（或低于）一致性预期，就形成了一个基于业绩的预期差。比如在电子发票推出后，快递行业老大顺丰控股业绩迅速下滑，这只有极少部分投资者能够预期到，绝大部分投资者的预期还是业绩稳定增长，这就产生了业绩的预期差，能够预期到这块业绩的投资者就会提前撤退，从而避免了后期双腰斩暴跌的损失。

投资就是投预期差，这句话强调了在投资决策中考虑市场预期与实际情况差异的重要性。通过深入研究和分析，投资者可以识别和利用预期差，从而在股市中获得超额回报。

第六节　投资中最大的敌人是自己

本杰明·格雷厄姆曾经说过："投资者面临的首要问题，乃至投资中的最大敌人，很可能就是自己。"而卡耐基在《人性的弱点》一书中总结出："一个人在事业上的成功，有15%归结于他的专业知识，另外85%归结于他表达思想、领导他人和唤起他人热情的能力。"

我认为在投资的世界里，理念重于技术，心态重于理念。决定一个投资者是否成功，最主要的因素是心态。甚至可以这么说，一个人在投资上的成功，有15%归结于他综合的投资能力，另外85%归结于他的投资心态，也就是投资者在股市中克服人性弱点的能力。

股市是人性的放大器，它会把你的缺点无限放大。股市中人性的弱点有很多，以下是股市中比较常见的一些人性弱点。

一、贪婪

贪婪是指投资者追逐高回报而过度乐观的心理倾向。当投资者在市场中遇到赚钱的机会时，可能因为过度贪婪而过分扩大仓位，甚至采取高风险的投资策略，而忽略了市场的风险，并最终付出惨痛的代价。比如，当长时间大幅度上涨的牛市末期来到估值顶部区域时，媒体新闻全部是各种利好消息及宏大叙事，人人谈股眉飞色舞，投资者面对账面的大幅度盈利，除了高兴还有极度兴奋。这时不论你之前认为自己是多么坚定的理性投资者，在最疯狂乐观的时候，也开始怀疑自己是不是错了，最终很可能不但不愿意卖出，甚至还担心踏空而兴冲冲地追高买入。此时此刻，投资者最需要的就是保持理性，克服贪婪的心理。

二、恐惧

恐惧是指投资者对市场下跌或投资损失的过度悲观，投资者产生逃避的心理，采取了非理性的反向操作，从而错失了潜在的机会。比如，当长时间大幅度下跌的熊市末期来到估值底部区域时，媒体新闻全部是各种利空消息，人人谈股色变，投资者面对账面的大幅度亏损，除了恐惧还是恐惧。在这最黑暗的时刻，开始怀疑自己是不是错了，最终很可能不但不敢买入，甚至反向卖出。此时此刻，投资者最需要做就是克服恐惧的心理，保持理性，尽量做出正确的投资决策。

三、羊群效应

羊群效应也被称为从众心理，是指在一个投资群体中，单个投资者总是根据其他同类投资者的行动而行动，在他人买入时买入，在他人卖出时卖出。羊群效应的这种从众心理很容易导致盲从，而盲从导致人们丧失基本的判断能力，从而做出错误的选择。投资过程中，我们需要增强自己的投资认知，保持理性，避免情绪化或受情绪影响，尽量远离乌合之众，避免羊群效应发生。

四、锚定效应

锚定效应是指人们对某件事进行判断的时候，容易受第一印象或第一信息支配，会将某些特定的数值作为起始值或重要的对比指标，久而久之就导致了人们在认识事物和做出决策时，被起始值或对比指标所束缚的心理现象，就像锚一样把人们的思维固定在某处。市场中，投资者的锚定心理往往会将投资标的的心理价位锚定于自己的买入成本或者最初某个较低（较高）的价格，以此作为心理参考。其实最终决定股票价格的是其内在价值，和你的锚定价格没有一分钱的关系。投资时需要放弃锚定价格的心理，回归到股票核心内在价值上来。

五、线性外推

股市中的线性外推是指当股市持续下跌的时候，投资者认为股市会一直下跌下去，永远不会上涨了；而股市持续上涨的时候，投资者又认为股市会一直涨上去，永远不会下跌。

线性外推的投资者总是在市场过热的时候过于乐观，觉得上升的趋势一定会持续，不惜高位重仓买进；线性外推的投资者又总是在市场冰点的时候极度悲观，认为接下来深不见底，不惜在黎明前割肉。因此也不难理解，市场总是在高位放巨量，又在磨底期极度缩量。

线性外推的思维方式，本质上是在否定周期。但周期是宏观经济、微观经济的明显特征，所以否定周期的线性外推总是遇到陷阱。在股市中线性外推的投资者，往往会按照产业周期或者其他不可持续的景气因素导致公司业绩大爆发的增速，去推演未来都会维持这样的业绩增长，给予一个高估值，如果未来不能持续的话就会遇到业绩估值的戴维斯双杀。在股市中线性外推的投资者，往往还会按照公司业绩在行业周期底部低迷的增速线性外推出公司未来一直都是这样低迷，那很有可能错失底部出清、行业反转带来的戴维斯双击的巨额收益。

六、频繁交易

频繁交易是指部分投资者试图捕捉市场的每一个波动而进行频繁买卖，这种行为往往导致交易成本的增加和投资回报的降低。

以上就是股市中最常见的六种人性弱点，了解和认识这些股市中的人性弱点并克服它，对于投资者来说至关重要。正如彼得·林奇所说："最终决定投资者命运的，既不是股票市场，也不是那些上市公司，而是投资者自己。"认识到股市投资最大的敌人是自己，是投资者走向成熟的重要一步。

投资中最大的敌人就是自己，只有战胜了自己的心魔，你才有机会打败资本市场的其他对手，你才可以更好地应对市场的波动，避免常见的人性弱点，从而在股市中实现稳健的投资回报。

第七节　利用人性获取超额回报

在股市投资中，投资者常常采用技术投资、价值投资、成长投资、指数投资等方式进行投资。然而，当剥去这些外在的层层表象，深入到投资的本质时，我们会发现，投资的尽头其实是人性。

人性，狭义上是指人的本质心理属性，也就是人之所以为人的那一部分属性，是人与其他动物相区别的属性。广义上是指人普遍所具有的心理属性，其中包括人与其他动物所共有的那部分心理属性。

股市投资中最重要的人性就是从远古进化而来的贪婪和恐惧。贪婪容易导致投资者在市场顶部时盲目追高投资，从而被套造成重大亏损。而恐惧则可能在市场底部时导致恐慌性割肉抛售，从而造成本金的永久性损失。

上面章节我曾经写过，在股市中投资赚钱主要就是在底部区域分批买入，等到顶部区域的时候分批卖出，做这种大周期的波段操作。然而实际中，我们是怎么操作的呢？往往是这样的：股市经过几年的大跌，跌到底部区域的时候，利空消息满天飞，这时所有投资者都对股市看不到希望而失去了信心，在最应该买入的时候反而不敢买，甚至反向操作忍痛卖掉带血的筹码。而股市经过几年的大涨，涨到很高的顶部区域的时候，利好消息满天飞，所有投资者都是信心爆棚，在最应该卖出的时候反而勇敢地砸锅卖铁追高买入。

这就是投资中贪婪和恐惧的人性表现，在股市投资中，贪婪和恐惧的人性总是这样在循环往复。过去如此，现在如此，未来还会如此。所以，不论你是价值投资者还是技术投资者，不论你对公司基本面研究多么透彻或技术练得多么炉火纯青，等到真正的交易，克服和控制贪婪恐惧的这些人性才是直接影响你投资成败的关键。

投资的尽头就是人性，这是因为最终决定投资成败的不仅仅是外部的市场条件，更是投资者对人性的克服和控制以及利用人性的能力。正如巴菲特的名言"别人贪婪我恐惧，别人恐惧我贪婪"，其实背后讲的都是如何利用人性来获取超额回报。

第八节　信心比黄金更重要

凯恩斯在其著作《就业、利息和货币通论》中说："信心是支撑人们前进的动力，是比黄金更重要的宝物。"凯恩斯强调了信心对于个人和社会的重要性，认为它是比黄金更重要的财富。

信心是成功的基石，信心是成功的第一秘诀。心中有信仰，未来一定会充满希望，相信相信的力量，明天一定更美好！

我在公众号写文章时，曾经无数次写道："我生在华夏，我对于生我养我的华夏大地充满热爱，我对我国正在蒸蒸日上的国运充满信心，对未来充满信心，我相信明天会更好，天佑中华，日子会越来越好！"我发誓这是我发自内心的真心话，没有一点虚情假意！

回顾我国上下5000年的历史，历史上任何一个朝代都是发展到强盛顶峰维持一段时间才能转势。现在我们正处于这个向上的阶段，根本还没有到达顶峰，所以我相信这个向上走的国运。为什么？没有原因，因为相信，所以相信！

巴菲特一直说，不要做空美国，他有说什么原因吗？也没有，不过是发自内心地相信而已。对股市而言，我非常信奉周期和均值回归。所以，我一直相信股市一定会熊去牛来，相信股市未来会越来越好。

信心比黄金更重要，没有原因，因为相信，所以相信！加油，相信相信的力量！

第九节　诗与远方

朋友们，我们做投资的目的是什么呢？我相信 99.99%的朋友会不假思索地回答：赚钱。那我接着问，我们投资赚钱的目的又是什么呢？我相信绝大部分的小伙伴会回答：买个大房子或者买辆豪车或者旅游等，其实归根结底就是为了改善生活以及提高生活质量。

可是，我刚刚进入股市不久，就看到了一个关于投资的目的是什么的故事，观点与我殊途同归，视角很新颖、很有启发，今天咱们来一起看看这个故事。这个故事是素有华尔街股市神童之称的胡立阳讲的。

以往我在世界各地演讲，问听众为什么要买股票，老美总是手舞足蹈，齐声高呼："Making Money!"在亚洲各地的演讲会上，华人更是眉飞色舞，响彻云霄地回答："赚钱！"利之所在，举世皆然。但是，我必须声明，如果你认为买股票的目的只是赚钱，那你已经踏出错误的第一步了。

20 年前我还在美国的时候，遇见了一位刚由中国香港移民到美国定居、六十几岁的老先生。他当时面色凝重地向我诉苦，美国的生活方式对他而言，简直是受洋罪。他既不懂英文，又不会开车，整天无所事事，生活枯燥乏味。我告诉他，要想改变目前情况，增加生活情趣，不妨投资一点股票试试看吧。他听完我的建议，先是一愣，但经我解释，觉得亦无不可，便拿出了大约 1/10 的银行存款，也就是 1 万美元投入了股市。

买进了股票之后，他的生活立刻变得多姿多彩起来了。首先，为了了解股市状况，他订了两份英文报纸，每天一大早便兴致勃勃地捧着一本英汉字典逐字摸索。一年下来，他的英文阅读能力大增。而为了收看股市交易实况转播与新闻报道，他每天总会花五六个钟头看电视，英文听力也大有长进。

最奇妙的是，由于长时间全神贯注地用耳去听，居然连苦缠了他多年的老年性重听也似乎有了改善。甚至常因心情沮丧造成的食欲不振，现在也好多了。到了晚上，老先生好像返老还童似的，还急着做功课，又要计算基本分析中的一些公司财务比率，还要运用技术分析来画股市图形，每天从早到晚忙得不可开交。一年下来，他已是身心健康、神采奕奕，与一年前的他判若两人。

最值得一提的是，自从投资了股票以后，他对周遭所发生的事物皆异常关注。由于不断吸收新的知识，他变为一个博学之士。每遇一些聚会活动，总见他在层层听众围绕之中，高谈财经大事，阔论国际要闻，一改往常郁郁寡欢、孤僻自卑的样子。总之，投资股票带给了他崭新的生命。

最后，总有人问，究竟他当时投资的 1 万美元赚了多少？他是不是发财了？一年多下来，据他说，还是在学习阶段，他赔了大约 2000 美元。但是他特别补充："如果说区区 2000 美元就能使我的生活如此充实、这么快乐，买股票赚不赚钱根本就不重要了。"

各位朋友！你难道还认为买股票的目的只是赚钱吗？买股票的目的应该是增加你的生活情趣！当然，如果能二者兼得，那你就是世界上最幸福的人了！

胡立阳的故事主要是说在做投资的过程中增加生活的情趣，强调了这个快乐的过程。而我们绝大部分投资者投资的目的是赚钱后改善生活品质，强调了结果。

如果因为我们去做投资而影响了生活，天天心情不爽抑郁，甚至影响了家庭和睦，这真的是违背了投资的初衷。与其如此，倒不如销户远离股市。如果在我们做投资的过程中能够做到心情舒畅、快乐投资，也许顺便还把钱赚了，这样何乐而不为呢。

人生就短短三万来天，我们的生活中除了股市，还有诗与远方。所以我期望每一位投资者都不要被股市所累，衷心期望天下所有的投资者都能够快快乐乐过好生活中的每一天！

第七章

未来的投资机会

第一节　99%的股票不值得投资

19 世纪末、20 世纪初意大利经济学家帕累托发现，在任何一组东西中，最重要的只占其中一小部分，约 20%。其余 80%尽管是多数，却是次要的。这便是经典的"二八定律"，又称"帕累托定律"。

现实生活中这种现象无处不在，比如 20%的人是精英，80%的人是普通大众；20%的人是富人，80%的人是穷人；20%的人放眼长远，80%的人只顾眼前；20%的人会坚持，80%的人会放弃；20%的人用脖子以上赚钱，80%的人用脖子以下赚钱等。

股市中的二八定律也是屡见不鲜，股市经常只有 20%的时间上涨，80%的时间震荡或下跌；市场中经常是 20%的股票在上涨，80%的股票在震荡或下跌；单只股票的价格只有 20%的时间在上涨，80%的时间在震荡或下跌。当 20%的人看好后市，而 80%人看空后市时，股市往往是短期底部区域；当 20%的人看空后市，而 80%的人看好后市时，股市往往是顶部区域；股市中往往是 20%的人赚钱，80%的人亏钱；投资收益的 80%基本上是依靠 20%的时间赚来的等。现在沪深 5000 多家上市公司，按照二八定律的话，80%的公司不值得投资，那么就是 4000 多家，剩下 20%的公司（1000 家）是值得投资的公司。简单地说，我们只需要关注沪深300 和中证 500 中这 800 家公司足矣。

未来在全面注册制下，上市公司的数量会越来越多，上市的速度会越来越快；同时退市的数量也会越来越多，退市的速度也会越来越快。投资难度会以几何级快速增加，我个人认为股市会更加残酷，甚至可以夸张地说 99% 的股票将不值得去投资！你可以查看一下所有个股的年 K 线图，会发现沿着一定的斜率稳步上涨的个股连 100 只都没有，如果仔细数一数也就 50 只左右，折算下来也就是 1% 左右。其实，有 50 家上市公司已经足够你投资的了（超级富豪除外）。现在的 5000 多家上市公司，作为普通散户很多连名字都没听过，更不要说去逐一研究了。

股神巴菲特最新的持仓还不到 50 只个股，应该说普通散户只投资 1% 的个股还是有点多。实际上，我们普通散户如果能够完全搞懂 5 只个股，就一定能成为股市中赚钱那一部分人。股不在多，在精则灵；技不在杂，在专则明。斯是陋室，惟吾德馨。

我就认识一个这样的投资者，她对我说五只个股对普通散户来说还是太多。她自进入股市以来，一直只做伊利股份这一只个股。她对我说，只要中国人还喝牛奶，只要伊利还是这个行业的绝对老大，那就一直持有。这么多年来，她就做这一只个股，但赚得盆满钵满。

我还看到这么一个统计数据，是将 1990—2022 年中国境内一共有 4876 只股票，从上市后在存续期内创造的净财富，也就是买入后长期持有，股息再投资的总收益减去资金投入同期银行存款得到的总收益，从高到低进行排序。

统计结果是，这 32 年里，A 股创造的总净财富为 18500 亿美元。A 股长期回报是 0.5～99.5 分布，比二八定律还要残酷。

我之所以说 99% 的个股都不值得投资（不论这 99% 的个股是否真的具有投资价值），是因为我们普通散户根本没有这么多时间和精力去逐一研究，没有必要把时间浪费在平庸的股票上面，我们只要研究好各个行业的龙头，弱水三千只取一瓢饮足矣。

第二节　贵州茅台的长线投资机会

贵州茅台酒股份有限公司的主要业务是茅台系列酒的生产与销售。主导产品"贵州茅台酒"是世界三大蒸馏名酒之一，也是集国家地理标志产品、有机食品和国家非物质文化遗产于一身的白酒品牌。对于未来贵州茅台的长线投资机会，我从以下七个方面做出分析和判断，在此供大家参考。

一、行业维度

消费是普通投资者最适合投资的行业，没有之一。消费行业是长坡厚雪的长牛行业，普通投资者最容易了解，且消费行业公司基本面都非常优质，成长性也不错，该行业踩雷的概率很低。而白酒行业又是消费行业中商业模式最好，竞争格局最好，确定性最强，文化底蕴最佳的子行业。白酒行业这个消费子行业还有以下特性。

（1）白酒行业护城河宽：白酒行业门槛极高，行业周期性极弱，这种行业的护城河决定了外面的玩家想进入十分困难。

（2）白酒行业的竞争格局非常清晰，高中低端可以说互不干扰。

（3）白酒企业的上市公司基本可以说是永续经营、不可复制、难以模仿！

（4）公司品牌壁垒：每家公司的酒文化和品牌的历史底蕴不同。

（5）生意模式：先收钱再发货，现金流极好，公司账面上经常有一大把现金。

（6）产品模式：公司都拥有长期提价权，产品存放越久反而越贵，无需对存货进行减值，存货还能升值。

（7）分红比较稳定，估值相对简单。

这些特性决定了白酒行业就是消费行业的王者，而茅台又是白酒行业中确定性最好最强的那个，它就是白酒之王，它更是消费之王，也是人们常常说的股王。

二、公司维度

公司内部的管理机制健全稳定，假设明天换一个新的董事长也会继续正常运营。公司的产品定位高端、供不应求，还具有金融属性。公司财务各项指标非常优秀，毛利率净利率都非常高，公司业绩可预期、可持续，扣非净利润持续稳定增长（见图7-1）。综合来看贵州茅台依然是一家非常优秀的上市公司。

图 7-1　贵州茅台扣非净利润

三、投资逻辑

简单来说，只要茅台在消费者心中还是独一无二的、无可替代的"国酒"品牌，同时还具有社交属性、送礼属性、金融属性，那么当其进入低估区域就具有长线投资的机会，这就是贵州茅台最底层的投资逻辑。

四、估值维度

目前（2024年2月19日），贵州茅台市盈率处于上市来49%分位数的位置，估值没有高估也没有低估，处于合理区间（见图7-2）。

图7-2　贵州茅台市盈率和市净率

五、下跌时间和空间维度

本轮茅台下跌是从2021年2月18日前复权2519.99元下跌

至 2022 年 10 月 31 日的 1266.07 元，下跌了 20 个月，最大下跌幅度 50%。长时间的大幅下跌和宽幅震荡正在逐步消化曾经被爆炒的泡沫。

六、技术维度

贵州茅台受到 60 月线支撑后缓慢走高，月线 MACD 技术指标有出现水上金叉的趋势（见图 7-3）。

图 7-3　贵州茅台来到了 60 月线支撑处

七、风险点

未来，贵州茅台在经营上，依然会存在食品安全风险、政策风险、企业经营风险等风险伴生现象。

从上面几个维度看，每当贵州茅台进入低估区域时，我们要勇敢地买入，当估值进入高估区域时要舍得卖出。虽然白酒行业非常适合长期投资，但是 A 股受到情绪影响波动性实在太大，当出现绝好的高估机遇，也是应该暂时脱手的，否则很容易坐过山车。

上述主要的内容观点来自我在 2024 年初发表于"三年一倍"公众号上的文章，当你现在阅读这篇文章时，贵州茅台的股价相比那时涨了还是跌了呢？

第三节　长江电力的长线投资机会

曾经单纯的我以为长江电力是一家普通的电力公共事业公司，我大错特错。长江电力是一家主要从事水力发电、电力经营、投资的上市公司，企业性质为央企国资控股，实际控制人为国务院国有资产监督管理委员会。

我个人一直认为水电行业是 A 股最好的行业之一。水电行业是很特殊的一种公共事业，现金流超好，利润稳定、估值稳定、分红稳定。它的成本主要就是水电站的前期建设和后期折旧，折旧其实是变相的隐藏利润。

长江电力的商业模式是基本平价收购大股东建设的水电站，然后注入上市公司内，利用流水落差发电，成本仅仅是折旧及管理运营等，发电量国家政策优先调度全额上网，简单地说是利用流水落差发电全额上网。企业存续期基本属于永续，长江电力的商业模式可以说优秀且护城河极宽。

长江电力的投资主逻辑就是未来乌白的资产注入带来的业绩跳跃式增长、四库联动带来的内生性增长、高折旧带来的财务费用的大幅度下降、高分红、水电的投资收益。

公司于 2003 年 11 月 28 日公开募集 98.26 亿元成功登陆上交所，发行市盈率 17.99 倍 PE。公司于 2009 年和 2016 年两次资产注入后，营收、利润、市值同步上了一个台阶。公司资产负债率为 51%（见图 7-4），处于合理水平，为了 2022 年左右的再次资产注入做准备。

图 7-4　长江电力资产负债率

公司 ROE 从上市后逐年提高至 16.28%（见图 7-5）。

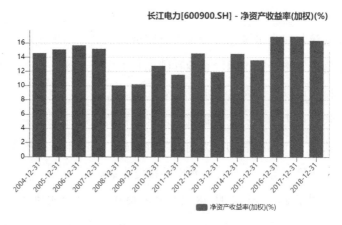

图 7-5　长江电力 ROE

上市后，公司营业收入经过资产注入出现了三个台阶式上升，现在维持在 510 亿元左右（见图 7-6），随着未来乌白的注入，收入将会再次呈台阶式上升。

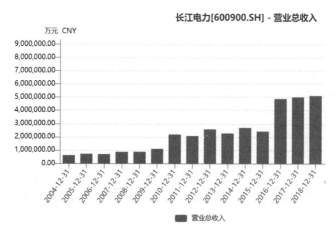

图 7-6　长江电力营业收入

经过收购后，公司扣非净利润呈跳跃式增长，稳定在 220 亿元左右（见图 7-7）。

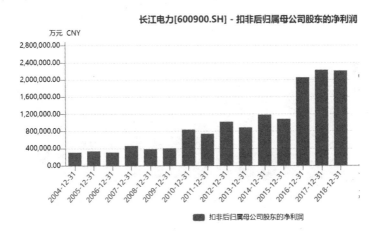

图 7-7 长江电力扣非净利润

公司毛利率一直维持在高位，2018 年为 62.89%（见图 7-8）。

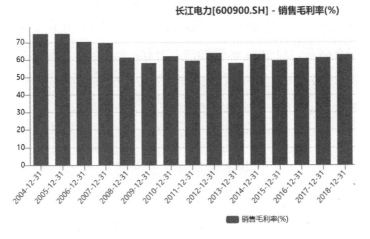

图 7-8 长江电力毛利率

公司净利率一直比较高，常年保持在 40% 以上，2018 年为 44.21%（见图 7-9）。

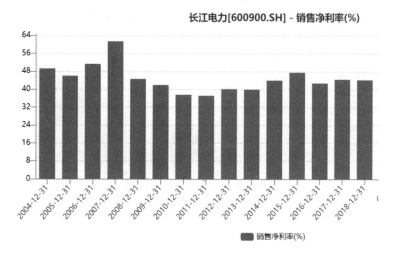

图 7-9　长江电力净利率

公司累计分红已经远远超过募资金额，公司派息情况也是两市非常好的了，明确写进公司章程，自 2016 年至 2020 年每股不低于 0.65 元，自 2021 年至 2025 年分红不低于当年利润的 70%。按照 4% 股息率反推的话，长江电力的股价低于 16 元的话收益率将超过十年国债，安全边际极高（见图 7-10 和图 7-11）。

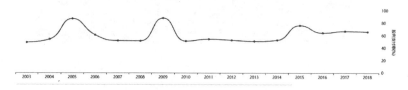

图 7-10　长江电力当年分红

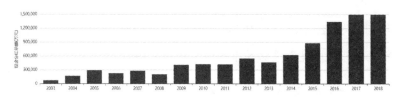

图 7-11　长江电力历年分红

公司估值市盈率-TTM 为 18 倍，处于历史 58%分位，不低估也不贵，处于合理区间（见图 7-12）。

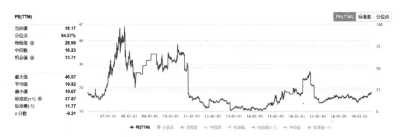

图 7-12　长江电力市盈率-TTM

公司 PB 为 2.82 倍，处于历史 67%分位，处于"近 5 年"的高位区域（见图 7-13）。

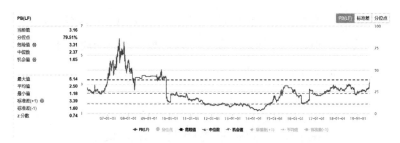

图 7-13　长江电力 PB

长江电力自 2014 年起 5 年 5 倍经历了一个完整的戴维斯双击的过程。2014 年估值为 10 倍 PE，扣非净利润为 118 亿元。2018

年利润为 220 亿元，估值为 18 倍 PE。没有想到吧，长江电力这样公共事业股竟然能够 5 年 5 倍（见图 7-14）。

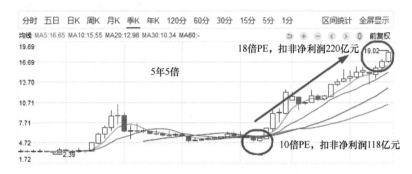

图 7-14　长江电力 2005—2019 年季 K 线图

虽然现在长江电力 PE 已经不再低估，未来只能够靠业绩增长这一条腿走路，无法再次实现戴维斯双击；但是从长周期角度看，长江电力未来分红再投资的话，投资收益依然会不错。

最后还是提醒一下注意风险：比如电力政策风险、堤坝安全风险、天气过于干旱使发电量不达预期的风险等。

上述主要内容观点来自我在 2019 年 8 月 16 日发表于公众号上的文章，当你现在阅读这篇文章时，长江电力的股价相比那时涨了还是跌了呢？

第四节　伊利股份的长线投资机会

伊利股份主要从事各类乳制品及健康饮品的加工、制造与销售。公司的主要产品有液体乳、冷饮系列、奶粉及奶制品、混合饲料等。2023 年凯度最具价值全球品牌榜发布，"伊利"品牌价值蝉联全球乳业第一；在凯度消费者指数《2023 年全球品牌足迹报告》中，伊利连续八年位列中国市场消费者首选品牌榜榜首。以下是我对伊利股份未来投资机会做的分析和判断，仅供大家参考。

一、行业维度

乳制品这个赛道虽然不如白酒赛道好，但也算是非常不错的消费子行业，因其竞争格局固定，确定性也很强，也算是值得长期关注的好赛道。

二、公司维度

公司内部的管理机制健全、公司商业模式清晰、竞争格局稳定。公司各项财务指标健康，公司业绩持续稳定增长（见图 7-15）。综合来看伊利股份也是一家优秀的上市公司。

图 7-15　伊利股份扣非净利润

三、投资逻辑

主要投资逻辑有二：一个是消费品会跟随经济增长持续提高销售价格；另一个是产品渗透率会继续提升及个体的产品消费量

会提高。《中国奶业质量报告（2023）》中提到，2022 年中国人均乳制品消费量为 42 千克，计划到 2025 年和 2030 年，达到中国人均奶类消费量分别突破 45 千克和 50 千克的目标。简单来说，只要我们国人还继续喝牛奶，且伊利股份还是国内乳制品行业的绝对老大，那么只要在其低估区域就具有长线投资的机会，这就是伊利股份最底层的投资逻辑。

四、估值维度

目前（2024 年 2 月 20 日），伊利股份市盈率处于近 10 年 3% 的分位数位置，市净率处于近 10 年 7% 的分位数位置，估值处于低估区域（见图 7-16）。

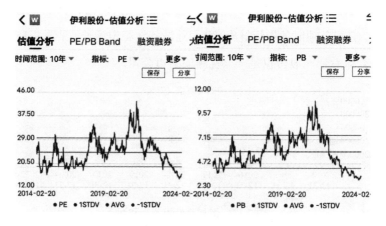

图 7-16　伊利股份市盈率和市净率

五、下跌时间和空间维度

伊利股份本轮下跌是从 2021 年 1 月 8 日前复权 47.77 元下跌

至 2022 年 10 月 31 日的 23.66 元，下跌了 21 个月，最大下跌幅度为 50.47%。经过近两年的大幅下跌和宽幅震荡，其已经逐步消化曾经被炒高的泡沫，机会就这样再次被跌出来了。

六、技术维度

伊利股份月线 MACD 水下马上金叉，2022 年 10 月就出现了抄底信号（见图 7-17），还有其他的多技术指标同时出现了见底信号。可以说，技术上伊利股份处于底部区域的信号非常明显。

图 7-17　伊利股份波段见底信号

七、风险点

伊利股份与贵州茅台类似，在未来的经营中，同样在食品安全风险、政策风险、企业经营风险等风险点上有伴生现象。

从上面几个维度看，伊利股份再次进入几年一遇的底部机会区域，此区域机会大于风险。接下来，我们给连跌三年的伊利股份来个截图，做个留念（见图7-18）。最后再提醒一句：由于A股波动性大，大家一定记得在估值百分位高位的时候止盈，否则容易坐过山车。

图 7-18　伊利股份年 K 线走势图

上述主要内容观点来自我在 2024 年初发表于公众号的文章，当你现在阅读这篇文章时，伊利股份的股价相比那时涨了还是跌了呢？

第五节　中证 A50 指数的长线投资机会

中证 A50 指数（930050）是由中证指数有限公司编制和发布的。根据中证指数官网信息，该指数从中证三级行业龙头公司中选取 50 只最具代表性且符合互联互通可投资范围的上市公司证券作为指数样本，行业覆盖更加全面、均衡，并引入了 ESG 可持续投资理念，从而更能综合反映 A 股市场各行业代表性龙头上市公司证券的整体表现。

该指数成分股均为各行业的龙头，都是我国的核心资产。中证 A50 指数有望成为更加能够代表 A 股核心资产的关键指数，成为 A 股的"漂亮 50"（见图 7-19）。以下是我对中证 A50 未来投资机会的判断，仅供大家参考。

成分股	权重	行业	成分股	权重	行业
贵州茅台	9.228%	饮料制造	盐湖股份	1.300%	化学制品
宁德时代	7.713%	电力设备	药明康德	1.293%	医疗服务
中国平安	6.420%	保险	中国联通	1.291%	通信服务
招商银行	6.125%	银行	顺丰控股	1.280%	物流
美的集团	4.949%	白色家电	中国中车	1.226%	非汽车交运
紫金矿业	4.184%	工业金属	北方华创	1.219%	半导体
长江电力	3.641%	电力	科大讯飞	1.205%	计算机应用
恒瑞医药	2.973%	化学制药	中芯国际	1.193%	半导体
比亚迪	2.857%	汽车整车	福耀玻璃	1.152%	汽车零部件
中信证券	2.676%	证券	中国中免	1.055%	零售
迈瑞医疗	2.663%	医疗器械	片仔癀	1.032%	中药
伊利股份	2.627%	食品加工	分众传媒	0.948%	传媒
万华化学	2.421%	化学制品	宝钢股份	0.887%	钢铁
京东方A	2.356%	光学光电子	爱尔眼科	0.868%	医疗服务
中国神华	1.895%	煤炭开采	海螺水泥	0.795%	建筑材料
汇川技术	1.832%	自动化设备	万科A	0.727%	房地产
海康威视	1.782%	计算机设备	紫光股份	0.691%	计算机应用
中国石化	1.742%	石油加工	航发动力	0.680%	国防军工
牧原股份	1.719%	养殖业	上海机场	0.675%	机场航运
中国建筑	1.620%	建筑装饰	华鲁恒升	0.639%	化学制品
隆基绿能	1.591%	电力设备	智飞生物	0.607%	生物制品
三一重工	1.397%	专用设备	天齐锂业	0.589%	小金属
国电南瑞	1.364%	电力设备	华友钴业	0.562%	小金属
中兴通讯	1.318%	通信设备	东方雨虹	0.426%	建筑材料
			珀莱雅	0.376%	美容护理
			锦江酒店	0.191%	酒店及餐饮

图 7-19　中证 A50 成分股

一、投资逻辑

从长远的角度看，经济发展呈波浪式前进、螺旋式上升。同理，我国经济发展长期也是这样波浪式前进、螺旋式上升的，虽然过程会有波动，但中枢是在持续地逐步抬升。

由于中证 A50 指数成分公司都是各个行业的龙头公司，理论上这 50 家龙头公司的业绩增长率会大于全部上市公司的平均增长率，会大于全国所有企业的平均回报率，会大于 GDP 增长率，会大于长短期债券回报率，更会大于现金及货币基金回报率，也会大幅跑赢通胀率。

同时我国经济正处于转型期，各行业集中度快速提升，龙头企业业绩优势显现，且未来仍有很多提升空间，从而形成了中证 A50 指数值得长期投资的最底层逻辑。

二、估值维度

截至 2024 年 2 月 7 日，中证 A50 指数成分股的 PE 中位数已回落至历史低位，指数最新 PE 估值水平为 14.65 倍，成分股最新 PE 估值中位数仅为 18.46 倍（见图 7-20），A 股在经历前期调整之后，各行业龙头企业的估值已处于历史较低水平，结合上市公司后续盈利能力改善，中证 A50 指数中长期配置性价比凸显。

三、下跌时间和下跌空间维度

Wind 数据显示，本轮中证 A50 指数是从 2021 年 2 月 18 日的

2398 点下跌至 2024 年 2 月 2 日的 1239 点，下跌了 36 个月，最大下跌幅度为 49%。长时间的大幅下跌和宽幅震荡已经把泡沫消化得七七八八了。

数据来源：Wind，东吴证券研究所

图 7-20　中证 A50 指数市盈率

四、技术维度

中证 A50 多技术指标同时出现了见底信号，底部区域信号很明显，下面以波段抄底逃顶指标为例，该指标已经非常明显地出现了抄底信号（见图 7-21）。

五、情绪维度

行情往往在绝望中产生，在犹豫中上涨，在欢乐中结束。核心资产经过连续三年的下跌，现在的投资者已经对中证 A50 指数成分股失去了信心，情绪已经崩溃。其实这种绝望情绪，历史上经常发生。

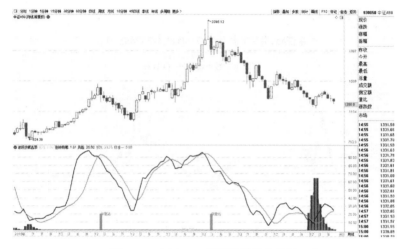

图 7-21　中证 A50 指数波段见底信号

当下市场也已经被磨得没有信心了，都在担忧经济复苏的进程、担忧地产仍未回暖、担忧新能源的产能过剩还没消化、担忧地缘政治格局，担心会像日本一样失去 30 年，进一步担心国运的问题。随后会发生什么？咱们让时间去见证。

我要说的是，历史上的任何一次熊市都比现在可怕，但每次都是熊去牛来。这次熊市过后大概率依然会是熊去牛来！我们往往习惯了对于市场趋势"线性外推"，在乐观的时候更乐观，在悲观的时候更悲观而已，这其实是人性使然。

万事万物皆周期，涨久了跌，跌久了涨。俗话说："没有一个冬天不可逾越，也没有一个春天不会来临。"股市可能就是这样一个接着一个的周期，再往复循环。

六、基本面维度

从基本面维度来看，中证 A50 的盈利能力与成长性在同类指数中都占优。Wind 数据显示，中证 A50 指数 2024 年预测业绩增速为 19%，高于同类指数接近 10 个百分点（见图 7-22）。同时其 2024 年预测 ROE 也显著领先，且未来盈利能力有望持续稳步增长，这是指数长期成长性与收益的重要基本面支撑。

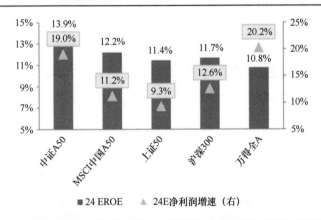

数据来源：Wind，广发证券发展研究中心。数据截至2024.02.21

图 7-22　中证 A50 指数盈利一致性预测（1）

在较强的盈利能力与成长性的支撑下，中证 A50 的长期市场表现也明显优于同类指数。2016—2023 年，中证 A50 指数年化收益率为 3.4%，高于 MSCI A50 指数 1.4%的年化收益率水平，而同期上证 50、沪深 300 均为负收益（见图 7-23）。

图 7-23　中证 A50 指数盈利一致性预测（2）

从以上六个维度看，中证 A50 不论是从长期角度还是中短期角度，都处于机会大于风险的区域，此区域是几年一次的机会区域，其未来表现还是非常值得期待的。也许若干年后，回忆一下现在的情景将是另一番滋味。最后我给连跌三年的中证 A50 指数来个截图，做个留念（见图 7-24）。

图 7-24　中证 A50 指数 2024 年 2 月 20 日截图

上述主要内容观点来自我在 2024 年初发表于公众号的文章，当你现在阅读这篇文章时，中证 A50 指数的点位相比那时高了还是低了呢？

第六节 沪深 300 指数的中长线投资机会

沪深 300 指数由中证指数有限公司编制和发布，该指数由上交所和深交所挑选的规模最大、流动性最好的最具有代表性的前 300 只股票组成，以综合反映我国沪深市场整体表现。

从市值规模上来说，沪深 300 指数占到国内沪深股市全部规模的 50% 以上，并且该指数每年更新两次样本股，衰弱的公司会不断被新强者所代替。因此，这个指数里所有公司的市值总和必然是长期上涨的。沪深 300 指数是国内 A 股最具代表性的宽基指数，甚至可以说沪深 300 指数走势代表了中国经济发展的长期趋势。以下是我对沪深 300 指数未来投资机会做的分析和判断，仅供大家参考。

一、投资逻辑

从长期角度看，经济发展呈波浪式前进、螺旋式上升的。同理我国经济发展长期也是如此，虽然过程会有波动，但中枢是在逐步抬升。同时，由于沪深 300 指数成分公司都是各个行业中非常优秀的公司，理论上这 300 家公司的业绩增长率>全部上市公司的平均增长率>全国所有企业的平均增长率>名义 GDP 增长率>

实际 GDP 增长率>长短期债券回报率>现金及货币基金回报率，也会大幅跑赢通胀率，这就是沪深 300 指数值得长期投资的底层逻辑。

二、估值维度

截至 2024 年 2 月 8 日，沪深 300 指数的估值市净率（1.21 倍 PB）处于近 10 年 3.53%分位数的位置，市盈率（10.95 倍 PE）处于近 10 年 13.33%分位数的位置（见图 7-25）。可以说沪深 300 指数的估值处于历史较低水平，已经充分反映二级市场悲观预期。

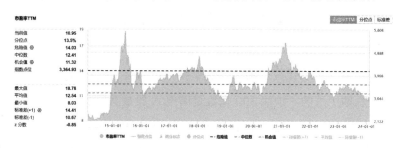

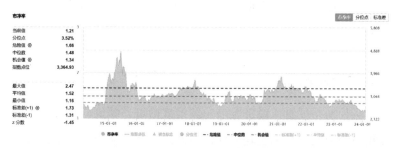

图 7-25　沪深 300 指数估值

沪深 300 指数自上市以来一共有五次跌破 11 倍 PE。

（1）2012 年 12 月上市以来首次跌破 11 倍 PE，15 个月后指数开始上涨，本轮大涨 140%。

（2）2016 年 1 月上市以来第二次跌破 11 倍 PE，1 个月后指数开始上涨，本轮大涨 50%。

（3）2018 年 10 月上市以来第三次跌破 11 倍 PE，2 个月后开始上涨，本轮大涨 100%。

（4）2022 年 10 月上市以来第四次跌破 11 倍 PE，次月便开始上涨，本轮上涨 20%。

（5）2023 年 12 月上市以来第五次跌破 11 倍 PE，此次走势如何，未来会揭开答案。

沪深 300 指数自上市以来一共有四次跌破 1.2 倍 PB。

（1）2014 年 5 月上市以来首次跌破 1.2 倍 PB，1 个月后指数开始上涨，本轮大涨 140%。

（2）2018 年 12 月上市以来第二次跌破 1.2 倍 PB，1 个月后指数开始上涨，本轮大涨 100%。

（3）2022 年 10 月上市以来第三次跌破 1.2 倍 PB，1 个月后就开始上涨，本轮上涨 20%。

（4）2023 年 12 月上市以来第四次跌破 1.2 倍 PB，此次走势如何，未来会揭开答案。

三、下跌时间维度

本轮沪深 300 指数下跌是从 2021 年 2 月 18 日开始的，截至 2024 年 1 月 31 日已经下跌了三年，沪深 300 指数历史上第一次年线三连阴，创出新的历史纪录。

2005 年度：−7.17%；

2006 年度：+121.02%；

2007 年度：+161.55%；

2008 年度：−65.95%；

2009 年度：+96.71%；

2010 年度：−12.51%；

2011 年度：−25.01%；

2012 年度：+7.55%；

2013 年度：−7.65%；

2014 年度：+51.66%；

2015 年度：+5.58%；

2016 年度：−11.28%；

2017 年度：+21.78%；

2018 年度：−25.31%；

2019 年度：+36.07%；

2020 年度：+27.21%；

2021 年度：−5.20%；

2022 年度：−21.64%；

2023 年度：−11.38%。

你发现什么了没有？沪深 300 指数连续上涨没有一次超过三年，也就是说连续上涨两年后要及时止盈。同样沪深 300 指数连续下跌也没有一次超过四年，也就是说连续下跌三年后及时抄底，大概率下一年要上涨了。

我个人认为，三年的下跌时间已经消化了所谓的利空及悲观，物极必反，否极泰来，熊去牛来将是大概率事件。

四、下跌空间维度

沪深 300 历史上比较大的几次回撤如下。

第一次，2008 年金融危机下跌 72.74%，随后反身上涨 137%。

第二次，2009 年暴力反弹后下跌 46.80%，随后反身上涨 160%。

第三次，2015 年熊市行情下跌 47.56%，随后反身上涨 61%。

第四次，2018 年贸易摩擦下跌 33.35%，随后反身上涨 108%。

第五次，2021—2024 年从 5930 点下跌至 3108 点，下跌 47.59%。

从过往表现来看，每当指数出现大幅回撤后，往往会有一波较大的上涨行情出现。沪深 300 指数本轮下跌幅度已经超过了 2015 年熊市行情的下跌幅度，属于历史上第二惨。随后会发生什么？我们拭目以待。

五、技术维度

沪深 300 指数多技术指标同时出现了见底信号，底部区域信号明显，下面以波段抄底逃顶指标为例，该指标已经非常明显地出现了见底信号（见图 7-26）。

图 7-26　沪深 300 指数波段见底信号

六、情绪维度

　　行情往往在绝望中产生，在犹豫中上涨，在欢乐中结束。每次底部区域都是利空消息满天飞，总是和"这次不一样"的声音中反复震荡完成筑底。

七、业绩维度

　　沪深 300 指数业绩增长相对稳定可靠，自 2005 年以来沪深 300 指数历年的 ROE 均高于万得全 A，近几年虽然有所下滑但一直保持在 8%～12% 的水平，体现出沪深 300 指数相对稳健的盈利能力（见图 7-27）。

　　从以上七个维度看，沪深 300 指数不论是从长期角度还是中短期角度，都是处于机会大于风险的区域，此区域是几年一次的机会区域，获得正收益还是未来可期的。

净资产收益率

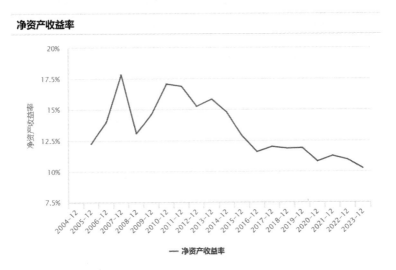

图 7-27　沪深 300 指数长期从 8%～12% 增长

最后，我要告诉大家的是：每次底部都是这样，每次底部都很绝望，每次底部都是在一片哀嚎中绝处逢生，每次底部都是一部分人把相当便宜的"带血的筹码"交给另一部分人完成财富的再分配。

底部每次都是这样，从来没有变过。请珍惜在满世界都是利空和捡便宜筹码的日子，请珍惜在这时痛苦抑或欢乐的心情，若干年后回味时将是另一番滋味。最后，我们给连跌三年的沪深 300 指数来个截图，做个留念（见图 7-28）。

上述主要内容观点来自我在 2024 年初发表于公众号上的文章，当你现在阅读这篇文章时，沪深 300 指数的点位相比那时高了还是低了呢？

图 7-28　沪深 300 指数 2024 年 1 月 31 日季 K 线走势图

第七节　消费行业指数的长线投资机会

医药和消费是沪深两市最具有确定性的两个长牛板块，也是我的最爱。消费行业本轮下跌幅度相对来说有点小，现在估值处于合理稍微偏低的区域，已经进入关注区域。我下文说的消费行业泛指全指消费、消费龙头、中证消费、食品饮料、中证白酒等。以下是我对消费行业指数未来投资机会做的分析和判断，仅供大家参考。

一、投资逻辑

从长远看，消费行业一直都是长坡厚雪的行业，我个人认为消费行业是具有长期投资价值的大赛道，是最适合普通投资者投资的行业，没有之一。因消费是长牛板块，普通投资者最容易了解，且消费行业公司基本都是非常优质的上市公司，成长性往往也不错，该行业基本也没有大雷。

（1）从宏观经济层面上，我国是高储蓄率、低消费率的国家，现在经济结构正逐步从出口驱动型向内需消费型转变，这个大的时代背景会长期对消费行业有利。

（2）经济发展呈螺旋式上升、波浪式前进的，而通货膨胀率会温和地跟随经济发展持续上升。这个长期趋势会对消费行业利润有着长期的支撑。

（3）消费行业在本质上是一种刚需型消费，受到经济周期波动的影响非常小，这个行业特性决定了消费行业具有长期向好的趋势。

所以，从中长期视角看，随着我国逐步从出口驱动型向内需消费型转变，再叠加我国长期经济持续稳定增长的趋势，消费行业的中长期刚性需求将不断提升，持续性、确定性地利好整个消费行业。这些行业特性注定了消费行业长期持续向上的趋势，这就是消费行业长期投资的底层逻辑。

二、估值维度

消费行业的估值从市盈率的角度看都已经进入低估区域。具体细分来看，有以下三点。

（1）全指消费指数市盈率-TTM 当期值（见图 7-29）：27.14 倍 PE，处于近 10 年 14.87%分位数的位置；危险值：40.18 倍 PE；机会值：28.23 倍 PE；最大值：75.17 倍 PE；平均值：34.74 倍 PE；最小值：20.9 倍 PE。

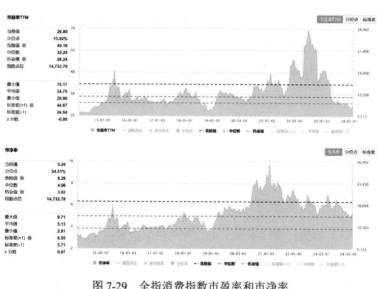

图 7-29　全指消费指数市盈率和市净率

全指消费指数市净率当期值：5.14 倍 PB，处于近 10 年 52.45%分位数的位置；危险值：6.29 倍 PB；机会值：3.82 倍 PB；最大值：9.71 倍 PB；平均值：5.13 倍 PB；最小值：2.81 倍 PB。

（2）消费龙头指数市盈率-TTM 当期值（见图 7-30）：22.03 倍 PE，处于近 10 年 19.03%分位数的位置；危险值：31.68 倍 PE；机会值：22.08 倍 PE；最大值：43.88 倍 PE；平均值：26.88 倍 PE；最小值：15.75 倍 PE。

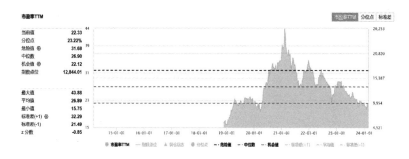

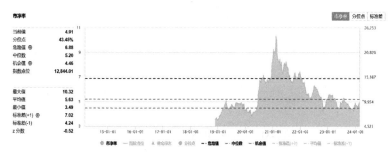

图 7-30 消费龙头指数市盈率和市净率

消费龙头指数市净率当期值：4.84 倍 PB，处于近 10 年 38.43% 分位数的位置；危险值：6.88 倍 PB；机会值：4.46PB；最大值：10.32 倍 PB；平均值：5.63 倍 PB；最小值：3.49 倍 PB。

（3）中证白酒指数市盈率-TTM 当期值（见图 7-31）：24.89 倍 PE，处于近 10 年 27.59% 分位数的位置；危险值：39.38 倍 PE；机会值：23 倍 PE；最大值：71.44 倍 PE；平均值：32.14 倍 PE；最小值：16.56 倍 PE。

中证白酒指数市净率当期值：7.11 倍 PB，处于近 10 年 43.97% 分位数的位置；危险值：10.10 倍 PB；机会值：4.63 倍 PB；最大值：17.83 倍 PB；平均值：7.69 倍 PB；最小值：3.38 倍 PB。

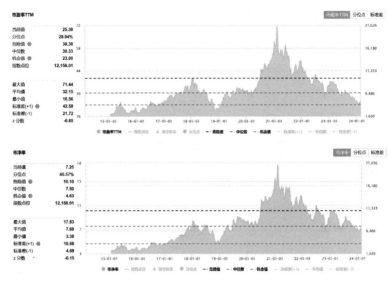

图 7-31　中证白酒指数市盈率和市净率

三、下跌时间和下跌空间维度

消费行业指数从 2021 年 2 月下跌至 2024 年 2 月，已经下跌 36 个月，下跌时间已经足够长了；下跌空间全部腰斩有余，长时间的大幅下跌和宽幅震荡正在逐步消化曾经被爆炒的泡沫。

四、技术维度

消费行业指数多技术指标同时出现了见底信号，底部区域信号明显，下面以部分指标为例。

（1）全指消费指数，波段抄底逃顶指标出现见底信号（见图 7-32）。

（2）消费龙头指数，波段抄底逃顶指标出现见底信号（见图 7-33）。

图 7-32　全指消费指数波段见底信号

图 7-33　消费龙头指数波段见底信号

（3）中证白酒指数，波段抄底逃顶指标出现见底信号（见图 7-34），季 K 线也来到了重要的支撑处（见图 7-35）。

图 7-34　中证白酒指数波段见底信号

中证白酒(SZ:399997)

9494.55 +326.16 +3.56%

最高: 9641.08	今开: 9142.35	成交量: 224.16万手	换手: 1.30%
最低: 9076.16	昨收: 9168.39	成交额: 187.78亿	量比: 1.88
52周最高: 15545.18	上涨: --	振幅: 6.16%	平盘: --
52周最低: 8808.62	下跌: --	总市值: --	

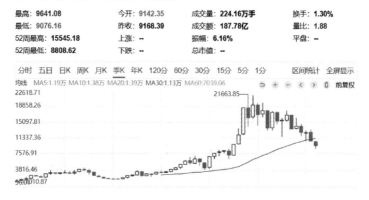

图 7-35　中证白酒季 K 线支撑

五、情绪维度

我们往往习惯于对于市场趋势"线性外推"，在悲观的时候，认为还会继续跌。其实持续的下跌已经体现了其悲观的预期，情绪面的极度悲观往往预示着不久的将来会是否极泰来。俗话说：万事万物都逃不开"周期"二字，股市也会呈现出明显的牛熊周期轮回，总是涨多了会跌、跌到位了也必然会涨，这是颠扑不破的规律。

六、业绩维度

部分消费公司刚刚披露了 2023 年业绩预告，其中大部分公司业绩继续维持增长。消费行业的刚需背景下，消费业绩增长具有可持续性！

简单总结一下：我国是高储蓄率、低消费率国家，现在经济结构正逐步从出口驱动型向内需消费型转变，这个大的时代背景会长期对消费行业有利。虽然消费持续下跌了三年，市场担忧的悲观预期现已基本反映在行情中。经过持续的调整后，消费行业的估值水平目前也开始进入底部区域，技术上已经出现长周期见底信号，作为长牛赛道的消费行业，未来还是很值得期待的。

上述主要内容观点来自我在 2024 年初发表于公众号的文章，当你现在阅读这篇文章时，消费行业指数点位相比那时高了还是低了呢？

第八节　医药行业指数的中长线投资机会

医药和消费是沪深两市最具有确定性的两个长牛板块，也是我的最爱。但消费行业本轮下跌幅度相对来说有点小，吸引力不如医药行业大，现在医药行业处于非常明显的低估区域。

我说的医药行业泛指全指医药、生物医药、中证医疗、中证医药、300医药、CS创新药、细分医药、医疗器械等。从长远看，医药行业一直都是长坡厚雪的行业，我个人认为医药行业也是具有长期投资价值的大赛道。

一、投资逻辑

（1）医药行业在本质上是一种刚需型消费，同时叠加了技术创新带来的治疗需求型消费，受到经济周期波动的影响非常小。人类历史永远向前，医药行业的发展和创新，永远不会停止。随着我国总体经济的持续增长，人均可支配收入也会相应地持续提升，无论是明确的看病需求还是改善性健康需求，消费者为健康买单的意愿和能力都会提升，医药行业的长期发展从而有着更加坚实牢固的基础。

（2）随着我国逐步进入老龄化社会，医药行业将会中长期持续性、确定性受益。

根据国家统计局数据显示，2022年末60岁及以上人口为2.8亿人，占全国人口的19.8%，相较2021年增加了0.9%；其中65

岁及以上人口为 2.1 亿人，占比 14.9%，相较 2021 年增加了 0.7%。根据国家信息中心预测，到 2035 年前后，我国老年人口总量将增加到 4.2 亿人左右，占比超过 30%，进入重度老龄化阶段。

人口老龄化已成为我国非常确定的中长期趋势，参考日本老龄化演进阶段，老年人医药医疗的费用占整个国民治疗费的比例会随着老年人口增加而持续上行，未来我国的医药医疗费用占比的提升空间仍然较大，市场空间广阔。

所以，从中长期视角看，随着我国逐步进入老龄化社会，再叠加我国经济长期持续增长的趋势，医药行业的中长期刚性需求将不断提升，将会中长期持续性、确定性利好整个医药行业。

这就是医药行业中长期投资的底层逻辑，这也注定了医药行业长期持续向上的趋势。当我们看到医药行业中长期底层逻辑的同时，也要同时看到医药行业长期存在的一个风险因素。这个风险因素就是出现了集采这个能控制定价权的长期影响，医药行业的终端客户最终转移到国家医保，甚至可以简单粗略地说，国家财政是医药行业的最大客户。

2021 年以后，集采不断扩面，不仅大部分药品都涉及，更发展到器械、生物制品，甚至医疗服务领域等所有医药医疗相关行业。但无论如何集采，有两点是可以确定的：一是一定会留给医药行业相关公司合理利润（不可能逼全行业消亡）；二是一定会有剩者为王（行业指数会自动定期完成筛选过滤）。

综上，从中长期的视角看，医药行业是一个可持续、长期向好的长坡厚雪的赛道，我个人认为医药行业是具有长期投资价值的大赛道。

二、估值维度

目前（2024年2月1日），医药行业的估值正处于过去10年最低的位置，和2018年大底相当，比2012年的底部还要低。具体细分有以下10个方面。

（1）全指医药指数2024年2月1日指数点位：8015.54点；市盈率-TTM当期值（见图7-36）：26.95倍PE，处于近10年3.52%分位数的位置；危险值：44.62倍PE；机会值：30.39倍PE；最大值：74.42倍PE；平均值：39.24倍PE；最小值：24.23倍PE。

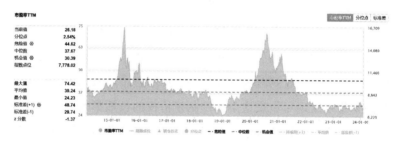

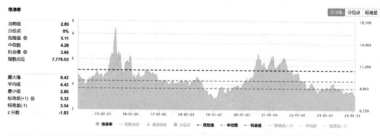

图7-36　全指医药指数市盈率和市净率

全指医药指数2024年2月1日市净率当期值：2.88倍PB，处于近10年0.59%分位数的位置；危险值：5.11倍PB；机会值：

3.66 倍 PB；最大值：8.42 倍 PB；平均值：4.43 倍 PB；最小值：2.82 倍 PB。

（2）生物医药指数 2024 年 2 月 1 日指数点位：2108.86 点；市盈率-TTM 当期值（见图 7-37）：22.95 倍 PE，处于近 10 年 0 分位数的位置；危险值：73.08 倍 PE；机会值：35.52 倍 PE；最大值：108.4 倍 PE；平均值：56.13 倍 PE；最小值：22.95 倍 PE。

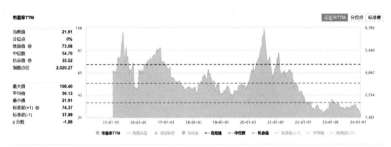

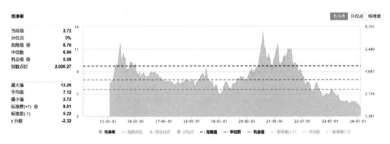

图 7-37　生物医药指数市盈率和市净率

生物医药指数 2024 年 2 月 1 日市净率当期值：2.85 倍 PB，处于近 10 年 0 分位数的位置；危险值：8.76 倍 PB；机会值：5.58 倍 PB；最大值：13.28 倍 PB；平均值：7.12 倍 PB；最小值：2.85 倍 PB。

（3）中证医疗指数 2024 年 2 月 1 日指数点位：6563.14 点；

市盈率-TTM 当期值：29.09 倍 PE，处于近 10 年 8%分位数的位置；危险值：67.64 倍 PE；机会值：33.39 倍 PE；最大值：137.84 倍 PE；平均值：54.46 倍 PE；最小值：22.99 倍 PE。

中证医疗指数 2024 年 2 月 1 日市净率当期值：3.61 倍 PB（见图 7-38），处于近 10 年 0 分位数的位置；危险值：9.45 倍 PB；机会值：5.22 倍 PB；最大值：16.27 倍 PB；平均值：7.15 倍 PB；最小值：3.61 倍 PB。

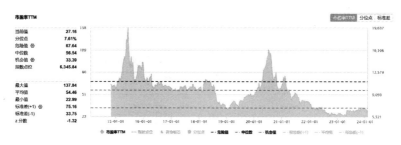

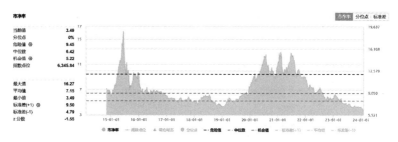

图 7-38　中证医疗指数市盈率和市净率

（4）中证医药指数 2024 年 2 月 1 日指数点位：7505.48 点；市盈率-TTM 当期值（见图 7-39）：23.94 倍 PE，处于近 10 年 0.59%分位数的位置；危险值：41.21 倍 PE；机会值：29.17 倍 PE；最大值：61.95 倍 PE；平均值：35.68 倍 PE；最小值：23.29 倍 PE。

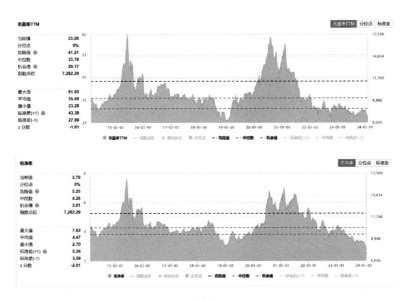

图 7-39 中证医药指数市盈率和市净率

中证医药指数 2024 年 2 月 1 日市净率当期值：2.77 倍 PB，处于近 10 年 0 分位数的位置；危险值：5.25 倍 PB；机会值：3.81 倍 PB；最大值：7.62 倍 PB；平均值：4.47 倍 PB；最小值：2.77 倍 PB。

（5）300 医药指数 2024 年 2 月 1 日指数点位：7627.88 点；市盈率-TTM 当期值（见图 7-40）：22.8 倍 PE，处于近 10 年 0 分位数的位置；危险值：40.47 倍 PE；机会值：30.17 倍 PE；最大值：72.78 倍 PE；平均值：36.53 倍 PE；最小值：22.8 倍 PE。

300 医药指数 2024 年 2 月 1 日市净率当期值：3.34 倍 PB，处于近 10 年 0 分位数的位置；危险值：6.12 倍 PB；机会值：4.27 倍 PB；最大值：9.49 倍 PB；平均值：5.25 倍 PB；最小值：3.34 倍 PB。

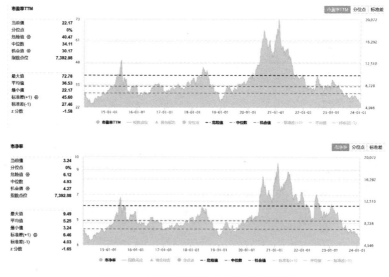

图 7-40　300 医药指数市盈率和市净率

（6）CS 创新药指数 2024 年 2 月 1 日指数点位：1480.50 点；市盈率-TTM 当期值（见图 7-41）：34.08 倍 PE，处于近 10 年 18.44%分位数的位置；危险值：54.99 倍 PE；机会值：34.37 倍 PE；最大值：74.6 倍 PE；平均值：44.16 倍 PE；最小值：27.89 倍 PE。

创新药指数 2024 年 2 月 1 日市净率当期值：2.72 倍 PB，处于近 10 年 0 分位数的位置；危险值：6.81 倍 PB；机会值：3.67 倍 PB；最大值：8.78 倍 PB；平均值：5.2 倍 PB；最小值：2.72 倍 PB。

（7）细分医药指数 2024 年 2 月 1 日指数点位：7163.10 点；市盈率-TTM 当期值（见图 7-42）：22.56 倍 PE，处于近 10 年 0 分位数的位置；危险值：40.15 倍 PE；机会值：29.51 倍 PE；最大值：58.89 倍 PE；平均值：35.29 倍 PE；最小值：22.56 倍 PE。

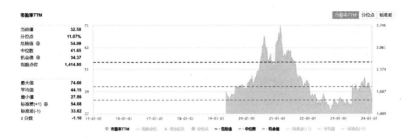

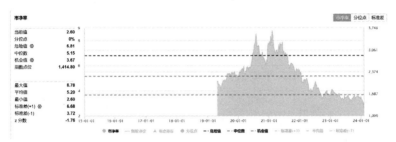

图 7-41 CS 创新药指数市盈率和市净率

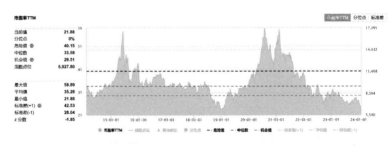

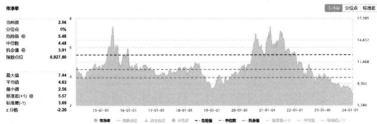

图 7-42 细分医药指数市盈率和市净率

细分医药指数 2024 年 2 月 1 日市净率当期值：2.64 倍 PB，处于近 10 年 0 分位数的位置；危险值：5.48 倍 PB；机会值：3.91 倍 PB；最大值：7.44 倍 PB；平均值：4.63 倍 PB；最小值：2.64 倍 PB。

（8）医疗器械指数 2024 年 2 月 1 日指数点位：9837.51 点；市盈率-TTM 当期值（见图 7-43）：33.21 倍 PE，处于近 10 年 22.9% 分位数的位置；危险值：70.94 倍 PE；机会值：29.91 倍 PE；最大值：141.67 倍 PE；平均值：51.62 倍 PE；最小值：17.11 倍 PE。

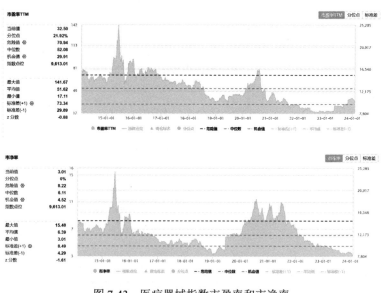

图 7-43 医疗器械指数市盈率和市净率

医疗器械指数 2024 年 2 月 1 日市净率当期值：3.08 倍 PB，处于近 10 年 0 分位数的位置；危险值：8.22 倍 PB；机会值：4.52 倍 PB；最大值：15.48 倍 PB；平均值：6.39 倍 PB；最小值：3.08 倍 PB。

我们通过以上的数据可以看到，整个医药行业指数的估值基本都处于历史底部的区域，也可以说从估值维度上看，现在医药行业估值分位已至历史极低水平，已经充分反映二级市场悲观预期。这个估值从历史数据回测来看，我们在当前点位买入，耐心持有 3～5 年，年化收益率会超过 10%。如从当前位置到历史最近一次高点，年化收益率可以到 28.50%。

三、下跌时间维度

由于集采和医药反腐等政策影响，医药行业指数从 2021 年 2 月下跌至 2024 年 2 月，已经下跌 36 个月，下跌时间已经足够长了。

四、下跌空间维度

目前（2024 年 2 月 1 日），医药行业指数的下跌幅度全部已经腰斩有余。

（1）全指医药指数从 16906 点下跌至 7917 点，下跌 53%。

（2）生物医药指数从 7181 点下跌至 2075 点，下跌 71%。

（3）中证医疗指数从 19992 点下跌至 6445 点，下跌 68%。

（4）中证医药指数从 17718 点下跌至 7411 点，下跌 58%。

（5）300 医药指数从 20349 点下跌至 7505 点，下跌 63%。

（6）CS 创新药指数从 3801 点下跌至 1460 点，下跌 62%。

（7）细分医药指数从 17623 点下跌至 7091 点，下跌 60%。

（8）医疗器械指数从 23012 点下跌至 9837 点，下跌 57%。

医药行业指数这一轮熊市下跌，跌幅最少也已经腰斩，多的跌了 71%，本轮下跌已经创出了历史单轮下跌之最，已经充分释放了上轮被爆炒的泡沫。机会往往都是跌出来的，满世界都是利空的时候往往是好机会！

五、技术维度

医药行业指数多技术指标同时出现了见底信号，底部区域信号明显，下面以部分指标为例。

（1）全指医药指数 TRIX 月线筑底信号明显，波段抄底逃顶指标底部信号明显（见图 7-44 和图 7-45）。

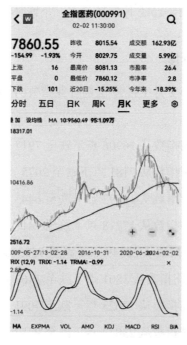

图 7-44　全指医药指数 TRIX 指标

图 7-45　全指医药指数波段抄底逃顶指标

（2）生物医药指数 TRIX 月线筑底信号明显，波段抄底逃顶指标底部信号明显（见图 7-46 和图 7-47）。

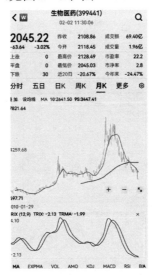

图 7-46　生物医药指数 TRIX 指标

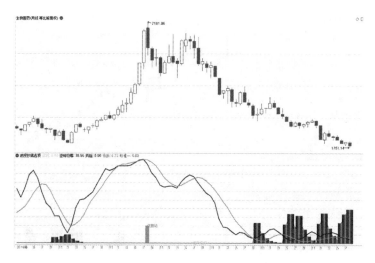

图 7-47　生物医药指数波段抄底逃顶指标

（3）中证医疗指数 TRIX 月线筑底信号明显，波段抄底逃顶指标底部信号明显（见图 7-48 和图 7-49）。

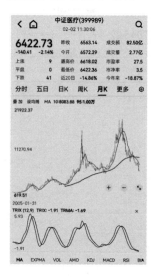

图 7-48　中证医疗指数 TRIX 指标

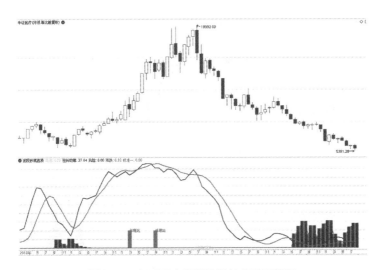

图 7-49　中证医疗指数波段抄底逃顶指标

（4）中证医药指数 TRIX 月线筑底信号明显，波段抄底逃顶指标底部信号明显（见图 7-50 和图 7-51）

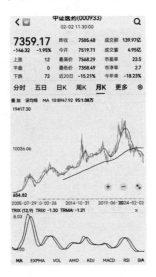

图 7-50　中证医药指数 TRIX 指标

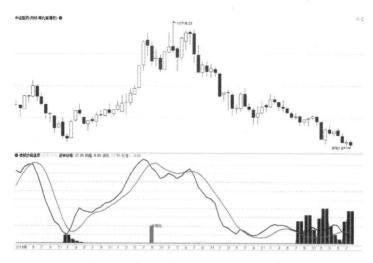

图 7-51　中证医药指数波段抄底逃顶指标

（5）300 医药指数 TRIX 月线筑底信号明显，波段抄底逃顶指标底部信号明显（见图 7-52 和图 7-53）。

图 7-52　300 医药指数 TRIX 指标

图 7-53　300 医药指数波段抄底逃顶指标

（6）CS 创新药指数 TRIX 月线筑底信号明显，波段抄底逃顶指标底部信号明显（见图 7-54 和图 7-55）。

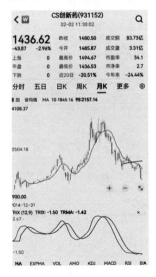

图 7-54　CS 创新药指数 TRIX 指标

图 7-55　CS 创新药指数波段抄底逃顶指标

（7）细分医药指数 TRIX 月线筑底信号明显，波段抄底逃顶指标底部信号明显（见图 7-56 和图 7-57）。

图 7-56　细分医药指数 TRIX 指标

图 7-57　细分医药指数波段抄底逃顶指标

（8）医疗器械指数 TRIX 月线筑底信号明显，波段抄底逃顶指标底部信号明显（见图 7-58 和图 7-59）。

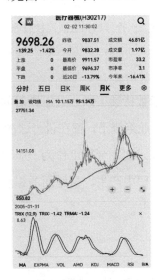

图 7-58　医疗器械指数 TRIX 指标

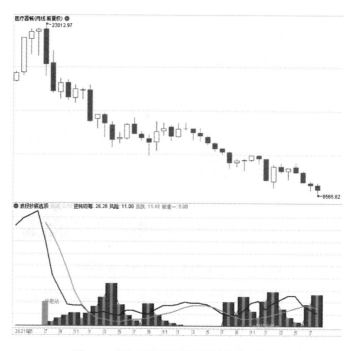

图 7-59　医疗器械指数波段抄底逃顶指标

六、情绪维度

由于医药行业指数持续下跌，且下跌时间长，下跌空间大，市场上已经对医药行业绝望了，都在说"这次不一样"，认为医药行业已经没有了未来。这完全可以作为一个行业冷到极致的信号之一。行情往往在绝望中产生，情绪面的极度悲观往往预示着不久的将来会是否极泰来。

七、资金配置

从基金配置看，医药的基金超配比例已经创近几年低位，公募基金一旦开始逐步加仓，那么医药板块的超额收益可能就会逐步提升。每当在市场低点时都是极度悲观的时刻，但是此时又是性价比最好的时点。我们身在低谷，即使 360 度环绕立体看，怎么看都是从高向低，收益一定是不被好看的。但是，怎么走都是从下向上。

八、业绩维度

部分医药公司刚刚披露了 2023 年业绩预告，其中大部分公司业绩继续维持增长。在医药的刚需背景下，医药行业的业绩增长具有可持续性！

从以上八个维度看，医药行业长中短期全部是处于机会大于风险的区域，此区域是几年一遇的机会区域，未来获得正收益还是非常值得期待的。

最后总结： 逻辑上，医药行业增长的核心逻辑是人口老龄化叠加居民就医需求持续上升，医药的刚需属性不变，医药行业长期向好。虽然医药短期受到集采的影响，持续下跌了三年，政策和基本面的悲观预期现已基本反映在股价里，很多公司估值逐步进入低估区间。经过持续的调整后，医药板块的估值水平目前也处于历史大底部位置，技术上已经出现长周期见底信号之一，资金量和情绪面处于历史极度悲观区域，作为长牛赛道的医药板块，未来值得期待。

其实，投资的尽头就是人性，别人恐惧我贪婪，别人贪婪我恐惧，买在无人问津之时，卖在人声鼎沸之际。当一种资产的价格处于泡沫之时，提醒人们注意危险的声音是不被欢迎的。而当一种资产开始显现长期价值的时候，提醒人们注意机会的声音也往往备受质疑。

行情往往是在绝望中产生的，机会也往往存在于恐慌之中。现在整个大医药行业在我的投资体系中全部处于黄金坑内。我不知道大医药行业还会继续在黄金坑内待多久，但是我知道总有一天它会走出黄金坑。

随后会发生什么我不知道，多久之后会上涨我也不知道，但是我知道上涨一定会来；我也知道，医药行业指数再次大涨也是大概率事件。时间最终会证明现在到底是该贪婪抑或恐惧。如果低了不敢买，高了拿什么去卖？请珍惜在大医药类黄金坑里捡黄金的日子吧，珍惜在黄金坑里痛苦抑或欢乐的心情。

上述主要内容观点来自我在 2024 年初发表于公众号上的文章，当你现在阅读这篇文章时，医药行业指数的点位相比那时高了还是低了呢？

后　记

道路是曲折的，前途是光明的，未来会更美好

在网络中每个人都会有一个自己的网名，我的网名和公众号 ID 都是：三年一倍。我为什么叫这个网名呢？其中蕴含着两层含义。

第一层含义：我在单纯的价值投资阶段形成自己的操盘理念就是三年翻一倍。进入股市的投资者，大部分都梦想一夜暴富，很多人会看不上三年一倍的收益，觉得太低了，其实真正看得远的人才明白复利的威力。

你想想，三年一倍，10 年 10 倍，20 年就 100 倍。投入 10 万元，20 年赚 100 倍（也就是 1000 万元），这还不够吗？三年一倍怎么实现呢？这才是最关键的。

我的方法是：选一个扣非市盈率 30 倍（越小越好）以下的高成长类型的上市公司，扣非净利润增长率 30%（越大越好）以上，这样三年后公司净利润增长一倍，即使市盈率不变，股价也应该增长一倍。这就是经济学上铁的法则，价格是由价值决定的。

根据市值=市盈率×利润的公式，假设你拿某只个股三年（前提是估值不能高估），每年公司扣非净利润增长 30%（越高越好）以上。你就一直拿住，这三年里，总有一天它的价格会涨到你买入价格的两倍，也就是说，你三年赚一倍！

第二层含义是：祝福所有朋友们都能够做到三年一倍。不想

当将军的士兵不是好士兵，梦想还是要有的，万一实现了呢？我经历了 20 多年的股海沉浮，目睹了普涨普跌，目睹了股改制度，目睹了权证 T+0 的刺激，目睹了封基的低风险，目睹了可转债的极端事件，目睹了股市这么多血淋淋的案例。在赚了又亏了，再次赚了之后，我想借用杰西·利弗莫尔的一段话（这一段话也是我 20 多年的投资感悟及肺腑之言）来告诉大家：我的想法从来都没有替我赚过大钱，总是我坚持不动替我赚大钱，懂了吗？是我坚持不动！这个世界上付出不一定有回报，但是不付出一定没有回报。买入之前你不下功夫，买入后持有阶段你没有坚持住，那么一切将与你无缘。

其实，对市场判断正确并买入牛股丝毫不足为奇。你在牛市里总是会找到很多一开始就买入牛股的人，太多太多的人在适当时间判断正确并且买入牛股，他们开始买进时，价格正是在应出现最大收益的位置上，但是他们并没有从中赚到真正的大钱。

能够同时判断正确又坚持不动的人很罕见，我发现这是最难学习的一件事。但是投资者只有切实做到这一点后，才能够赚大钱。所以，只要你选择一个好行业的好公司，在好价格（低估）的时候买入，耐心持有，高估卖出。或者换句话说，看得准、下重手、拿得住，三年赚一倍也不太难。

其实三年一倍你也可以做到，你说呢？我相信你一定能够做到，相信相信的力量。我生在中国，我对于生我养我的中华大地充满热爱，我对我国正在蒸蒸日上的国运充满信心，我对我国的未来充满信心，我对股市的未来也充满信心，我相信虽然道路是曲折的，但前途是光明的，未来会更美好！天佑中华，日子一定会越来越好！

最后，感谢机械工业出版社的李浩老师，没有他一路以来的鼓励与支持，这本书肯定很难成型。感谢亲爱的家人，没有家人的包容和支持，我就不会有空余时间去写作。感谢每一位读者，如果阅读完本书后你能够有一点点收获，那么对我而言，就是极大的鼓励与欣慰。

由于我水平和能力有限，书中疏漏和错误之处在所难免，不足之处，恳请大家批评指正。

三年一倍

2024 年 5 月 18 日